中学校の授業でネット中傷を考えた

指先ひとつで加害者にならないために

宇多川はるか
Haruka Udagawa

講談社

中学校の授業でネット中傷を考えた

指先ひとつで加害者にならないために

もくじ

はじめに

「誹謗中傷《ひぼう》」による被害《ひがい》を訴《うった》える声が絶えません。「クソ」「アホ」「死ねばいいのに」「生理的に無理」――。そんな言葉が、SNSに浮《う》かんでは広がっていきます。スマホと指一本で発信された暴言は、ひとたびSNS上に流れれば、世界を駆《か》けめぐってしまいます。そうやって、無数の罵詈雑言《ばりぞうごん》がネット上に拡散され、人を傷つけてきました。まず書いておきたい、忘れてはならないことは、そうした中傷が人の命さえ奪《うば》っている現状があるということです。それが、テクノロジーが発達した二十一世紀の現実です。

一方で、私たちはこのテクノロジーを駆使《くし》し、社会を、世界を創造しています。誰《だれ》もが、自分の声を、世界に発信できるツールを持っています。国内では近年、政治に対し、社会情勢に対し、一般《いっぱん》市民の声が大きなうねりを生み出し、実際に政治や社会を動かすこともありました。SNSがあるからこそ、組織や権力による暴力を告発する声が、上がることもあります。私は新聞記者をしていて、社会の動きをできるかぎり早く感知して伝える役割もあるので、こうした一市民の告発の声はとても貴重です。

海外に目を向ければ、記しておきたいのは、ウクライナのことです。この原稿《げんこう》を書いている時点で、ロシアのウクライナ侵攻《しんこう》による被害《ひがい》が拡大しています。戦禍《せんか》にあるウクライナからは、市民が現場の状況《じょうきょう》を伝えています。自宅で、避難所《ひなんじょ》で、避難している車内で、日常を失う苦しみや怒《いか》り、不安、平和への願いを伝えています。私が所属している新聞社でも、こうした市民の発信をたどり、アクセスして話を聞くなどして、現地の状況をオンラインで取材し、たくさんの記事を出しています。

そうした現状を考えれば、まぎれもなく、ネットによる発信は、人類が手に入れたすばらしいツールでしょう。だからこそ、です。私たちは、ツールに見合う力を身につけなければならない。

……と書きつつ、それって、改めて「力を身につける」ものなのでしょうか？

「人の嫌《いや》がることを言ってはダメ」「自分が言われたら悲しいでしょう?」――。保育園や幼稚園《ようちえん》の子どもが教えられるようなことですよね。そんなことを、大人たちがネット上でやっているのです。こう書くと、「自分はそんな大人にはならないようにしよう」と思うだけで思考停止してしまうかもしれません。

でも、一歩踏《ふ》みこんで考えてみてください。ネット上で誹謗《ひぼう》中傷している大人たちは、「そんな大人」になろうと思って書きこんでいるのでしょうか。私が同僚《どうりょう》記者と取材してきた実感から言うと、そうではありません。むしろ、自分の「正義感」を信じて疑わなかったり、賛同されたり支持されたりすると信じて、書きこんでいたのです。そこに、書かれた側の人の心を想像する余地があるとは思えませんでした。

ここで再びはたと立ち止まって考えてみると、「正義感」や「賛同されたい」という思いは、誰《だれ》にでもあるものです。私にもあります。自分の発信に、SNSで「いいね」がついたり反応があったりすると、やっぱりうれしい。では、それがなぜ、ネット上での暴言に転化していくのか。私はあるときから、そこがとても気になり始めました。その構造を知ろうとしなければ、誹謗中傷は〝雨後の竹の子〟のように出現し、なくならないと思ったからです。

そんなときに出会ったのが、私立開成中学校《かいせいちゅうがっこう》（東京都）の国語科教諭《きょうゆ》、神田邦彦《かんだくにひこ》先生（58）でした。「被害者《ひがいしゃ》になるのは防げなくても、加害者になるな」。そう説く神田先生は、お笑い芸人スマイリーキクチさんの著書『突然《とつぜん》、僕《ぼく》は殺人犯《さつじんはん》にされた』（竹書房《たけしょぼう》）を題材に、二〇一一～一二年度にネット中傷をめぐる授業をしていました。二〇二一年、神田先生が再度、この本を課題図書にした授業を行うことになりました。私はその授業計画を知り、すぐに取材をお願いしました。ネット中傷という社会問題に、教育現場がいかに取り組むのか。子どもたちに、どのようにその悪質性を伝えていくのか――。授業は、とても普遍的《ふへんてき》な取り組みに思えたからです。

ただ、こうした私の取材動機は、「子どもたちにどうやって教えてあげるのか」という、大人から子どもを少し見下ろすような目線だったと、今になって思います。実は、むしろ私のほうが、神田先生の問いかけ、生徒たちの意見に「目からうろこが落ちる」状態で、大いに勉強させていただきました。

ネットという装置は、いかに簡単に言葉を漂《ただよ》わせてしまうか。広く認められたいという人間の心理はいかなるものか。ネット上の書きこみへと駆《か》り立《た》てる正義感とは何か。そもそも正義って何だろう――。神田先生が投げかけるテーマに、生徒たちは思考をめぐらせ、借り物ではない自分の言葉で、応えていたように思いました。一方の私は、教室の片隅《かたすみ》で、頭の中でまとまらない考えをグルグルめぐらせ、生徒たちの発言に「ハッ」と気づきをもらい、考えをまとめていく……。そんな時間を過ごしました。記者という「言葉」を仕事にしている私ですが、実はいちばん学ばせてもらっていたのは、他ならぬ私なのではないか、とも思います。この本は、その取材の記録です。

併《あわ》せて、終章では、女子プロレスラー、木村花《きむらはな》さんの母響子《きょうこ》さん（44）による授業もレポートしました。フジテレビの人気番組「テラスハウス」に出演していた花さん。出演シーンをめぐって花さんに向けられた暴言がSNSで過熱した末に、二〇二〇年春、花さんは亡《な》くなりました。花さんは自ら命を絶つ前に、このような言葉をツイッターにつづっています（現在は削除済《さくじょず》み）。読者の皆《みな》さんとまず、花さんの言葉を共有してから、この本を始めたいと思います。

毎日100件近く率直《そっちょく》な意見。
傷付いたのは否定できなかったから。
死ね、気持ち悪い、消えろ、今までずっと私が1番私に思ってました。
お母さん産んでくれてありがとう。
愛されたかった人生でした。
側で支えてくれたみんなありがとう。
大好きです。
弱い私でごめんなさい。

誹謗《ひぼう》中傷が大きな社会問題に押《お》し上《あ》げられ、法改正にも議論がおよんだのは、まぎれもなく花さんの存在と、その後の響子さんの働きかけがあったからでしょう。私もまた、花さんのこの言葉を受け、記者として何ができるか模索《もさく》しながら、誹謗中傷をテーマにした取材を始めました。収録した響子さんの授業には、響子さんの思いがたくさん詰《つ》まっていました。

「中学生、高校生向けの書籍《しょせき》を」とのリクエストを受け、全体を通して中高校生向けに書かせていただいたつもりです。ただ、年代問わず広く読んでいただきたいとも思っています。子どもも大人も、人は言葉とともに生きていきます。私自身の試行錯誤《しこうさくご》も追体験していただきながら、幅広《はばひろ》い年代にとって、本書が、自身、そして他者の言葉と向き合う、何か一つのきっかけになれたらうれしいです。

宇多川《うだがわ》はるか

※本書内に出てくる方々の年齢《ねんれい》・肩書《かたがき》は取材時のものになります。

序章

私に何ができるだろうか

二〇二〇年春、プロレスラーの木村花さんが、SNS上での誹謗《ひぼう》中傷を受けた末に亡《な》くなった。SNS上の誹謗中傷の多さは、それまでも感じてきた。マイノリティーに対する差別発言を公然と目にすることもある。しかも、それはいずれも匿名《とくめい》のアカウントから発信されていた。

私自身、署名入りの新聞記事を書いているので、自分の名前とともに中傷が書きこまれることはある。自分が書いた記事で、取材させてもらった人が中傷されることもある。心ない言葉を見るたびに、申し訳なさを感じてきた。

SNS空間の無法地帯ぶりには、問題意識は持っていたと思う。でも、これほどに人を追《お》い詰《つ》めるものと、私は考えたことがあっただろうか。花さんのツイート（「はじめに」参照）を読み、がく然とした。花さんがまだまだ若い二十二歳《さい》だったことにも、胸を締《し》め付《つ》けられた。

私は記者という立場で何ができるか。報道の役割は何か。頭で考えても正解はなかったが、まずは問題意識を持つ人たちの意見を紹介《しょうかい》しながら、読者の方々とともに考えるきっかけを作りたかった。そこで、同僚《どうりょう》記者とともに、ネット中傷を考えるインタビューの連載企《れんさいき》画《かく》を始めた。

この連載で一番初めに登場してもらったのが、お笑い芸人のスマイリーキクチさん（48）である。スマイリーキクチさんは、凄惨《せいさん》な女子高生殺害事件に関与《かんよ》したというネット上のデマに長年苦しめられ、デマを書きこんだ人々が摘発《てきはつ》されるという刑事《けいじ》事件にも発展したことは報道で知っていた。その後、ネット上のリテラシーについて、啓発《けいはつ》活動に関わっていることとも過去の新聞記事で読んでいた。

私は近所の書店でスマイリーキクチさんの著書『突然、僕は殺人犯にされた』（竹書房文庫）を探したが、残念ながら書店に在庫はなかった。ネットで取り寄せたほうが早く入手できそうだったので、ネット上で注文した。

過去の記事等でデマの概要《がいよう》は知っていたものの、著書で描《えが》かれていたものは想像以上に壮《そう》絶《ぜつ》だった。追《お》い詰《つ》められていく心情や、中傷犯の執拗《しつよう》さの描写《びょうしゃ》は生々しく、一気に読み進めた。付箋《ふせん》をたくさん貼《は》ってインタビューにのぞんだ。

オンライン上で初めて対面したスマイリーキクチさんは、その名のとおりにこやかな人だった。画面越《がめんご》しを感じさせないような親しみやすさで、分かりやすい言葉を選んで、ゆっくりと話す。紳士的《しんしてき》な雰囲気《ふんいき》が印象的だった。（※1　参照記事リンクは末尾《まつび》）

スマイリーキクチさんは取材中、啓発《けいはつ》活動に話題がおよんだとき、しみじみと言った。

「僕《ぼく》の本をいち早く授業で使ってくれたのが、開成だったんです」

聞けば、一度だけ講演で聴《き》くような授業ではなく、数回にわたって行われた授業の「課題図書」として、扱《あつか》われたという。

スマイリーキクチさん

私はこの話を聞いたとき、ちょっと驚《おどろ》いた。一般《いっぱん》の教科書とは違《ちが》う、現代社会の闇《やみ》を描《えが》いた書籍《しょせき》を題材にする授業は、とても挑戦的《ちょうせんてき》なものに思えたからだ。既存《きそん》の教科書は、子どもたちの学びの教材として、すでに授業の実践《じっせん》についてノウハウが積み上がっている。一方で、被害《ひがい》当事者の生々しい声がつづられた書籍を扱《あつか》うことは、教えるプロセスの前例もなく、教える側の力量がいるだろうなと思った。

そして、授業の中身が知りたくなった。スマイリーキクチさんの書籍が出版されたのは二〇一一年。開成が課題図書としたのが翌二〇一二年という。リアルタイムの社会課題を、一体どの教科で、どのように教えるのか。道徳の授業だろうか。単年度かぎりの授業だろうか。まだ続いていたら、取材させてもらえないだろうか……。

「突然《とつぜん》のお電話を失礼いたします。毎日新聞《まいにちしんぶん》の宇多川と申します」

私は早速《さっそく》、開成学園《かいせいがくえん》の代表電話の番号に電話をかけてみた。スマイリーキクチさんから聞いたことを話すと、電話口に出た男性が、少し間を置いたあと、答えた。

「えーっと、それ、私が担当した授業なんです」

偶然《ぐうぜん》、電話に出たのが担当の先生だったのだ。神田邦彦先生。国語教師を本業とする傍《かたわ》ら、「榊邦彦《さかき》」というペンネームで作家として執筆《しっぴつ》活動もしている、異色の先生だ。神田先生は、授業がその年度かぎりの限定的な授業だったことを教えてくれた。それでも、当時の授業がどのように行われたのかを知りたくて、東京都荒川区《あらかわく》にある開成中を訪ねた。

「取材させてください」

「さ、どうぞ」

職員室で迎《むか》えてくれた神田先生は、当時の授業の資料を手に、早歩きで会議室に向かった。私もあとを追う。静かな会議室で机に資料を開きながら、神田先生は時折考えこみながら、当時を思い出す。

「あのころもまた、子どものゲームやネット依存《いぞん》が教育現場の問題になっていました。だから、そういう問題を考える授業を続けていたんです」

ゲーム依存をテーマにした授業では、「リアルな世界（実生活）で自己実現感が希薄《きはく》な状態が、ゲーム中毒に陥《おちい》りやすい」という議論になった。では、ゲームだけでなく、ネット上の書きこみはどうか——そんな経緯《けいい》で新しい題材を探していたところ、たまたま目にしたのがスマイリーキクチさんの著書『突然、僕は殺人犯にされた』だったという。

姿の見えない中傷犯との闘《たたか》い、警察・検察との関係、画期的なネット犯罪立件までを詳細《しょうさい》につづっている。

「これだ！　と思いました」

神田先生は、懐《なつ》かしそうに話しながら、茶色い封筒《ふうとう》からガサガサとさらに資料を取り出した。約十時間の授業を経て実施《じっし》した中間考査の資料だった。神田先生がまとめたプリントには、生徒がびっしり手書きした文字がならんでいた。さっと見ただけでも、目を見張るような深い考察だった。

「あとでしっかり読みこませてください」

私は神田先生にそう告げて、そのプリントをリュックにしまった。

自宅で改めてプリントを読んだ。神田先生は三つの問いを生徒たちに投げかけていた。
①「スマイリーキクチ中傷事件」を引き起こした要因について、君の思うところを論ぜよ。
②インターネットの匿名性《とくめいせい》について、君の思うところを論ぜよ。
③スマイリーキクチさんからの（中傷原因となった投稿《とうこう》の）削除依頼《さくじょいらい》に対して、掲示板管《けいじばん》理者は「事実無根を証明しなければ削除には応じません」と答えている。この「事実無根を証明しなければ削除しない」という論理について、君の思うところを論ぜよ。
三つの論題から一つを選んで解答する形式だ。漢字の読み書き問題も含《ふく》め、制限時間は五十分。短い時間だろうが、手書きの文字からは、縦横無尽《じゅうおうむじん》に思考した跡《あと》がうかがわれた。

正義感ゆえの「憤り《いきどお》」が中傷へ向かわせるのか——否、「人をたたく快感だ」という指《し》

神田邦彦先生

摘《てき》。「炎上《えんじょう》」を引き起こす「群集心理」の根底にある、「人間の弱さ」。それを認めた上で、弱さを他者にぶつけるのではなく、仲間に相談するというプラスの方向への思考転換《てんかん》の提案。中傷をなくすために必要なのは「より強固なモラル」ではなく、自身が本質を見極《みきわ》められる能力だとする意見——。

私はこの時点で、ネット中傷を引き起こすものは、「行きすぎた正義感」「同調圧力」だと考えていた。裏返すと、その程度のキーワードでしか、考えていなかったのかもしれない。だが、当時の生徒たちは、そうしたキーワードをグッと自分自身に引きつけ、人間心理に踏《ふ》みこみ、被害《ひがい》をなくすための前向きな提案もしていた。

中学生でも、ここまで考えられるんだ……。私は正直、そんなふうに思って、この驚《おどろ》きを記事にして伝えたいと考えた。（※2　参照記事リンクは末尾《まつび》）

このご縁《えん》で、神田先生には、ネット中傷についての記事を書いたり、誹謗《ひぼう》中傷をテーマにしたオンラインイベントに参加したりするたびに、ご参考までにメールでお知らせしていた。

多くの新聞記者がそうであるように、私の取材テーマも多岐《たき》にわたる。ここ数年は、性暴力やハラスメント、学校事故など、多種多様だった。ただ、誹謗中傷の問題は追い続けていた。いまや世界中の人々の身近にあるSNS。その中の言葉が、一人の若者の命を奪《うば》ったという重い事実は、何度でも問い続けることだと思っていた。

それに、私にはある確信があった。「他者に向けられる言葉の問題は、さまざまな社会課題の底流にある」という思いだ。ジェンダーや国籍《こくせき》による差別、政治家の問題発言、繰《く》り返《かえ》されるハラスメント――自分が取材してきたそうしたテーマの根底には、他者の痛みに対する想像力の欠如《けつじょ》が横たわっていた。取材だけではあるまい。家族、友人、同僚《どうりょう》……他者と生きていく中で、とても基本的で大切なものだけれど、難解なものが、他者の痛みへの想像力なのではないか。それはもちろん、私自身も含《ふく》めて。

そんな思いを胸に抱《いだ》いていた二〇二一年夏、神田先生とのメールのやり取りの中で、神田先生が中学生を対象に再び誹謗《ひぼう》中傷をテーマにした授業を行うと知った。

「ぜひ取材させてください」

私は反射的に返信した。当時の授業のレポートから、授業の思考の深さは感じていた。リアルタイムでその議論を聞きながら、なお今日的な課題である誹謗中傷の問題を、教育の場でどのように教えていくのかを知りたかった。デジタル時代を生きる生徒たちの思考も知りたかった。

ただ、学校現場の取材は今、容易ではない。事件や事故、いじめなど、学校をめぐるネガティブなニュースは絶えないし、ひとたび現場が記事化・映像化されればネット上を駆《か》けめぐる。そうした事態が以前より学校側の警戒心《けいかいしん》を強め、取材を難しくしている実感がある。教育現場は決して、開かれたものではない。

その中で、神田先生は取材の趣旨《しゅし》を理解してくれた。授業開始を前に保護者に理解を得るために、プリントも用意してくれた。

「中二国語1の授業取材について」と題したプリント。神田先生の授業への思いが端的《たんてき》に表されていると感じ、引用したい。

〈前略

今年度の「国語1」では、身の回りのこと、社会のこと、自分たちの心のこと等々、中二の生徒を取り巻く様々な問題について、知識を持ち、深く分析《ぶんせき》し、自ら考え、そして文章に記していくようなことを、授業の中心において取り組んでいます。

二学期の前半では、「インターネット・SNSの書きこみ・誹謗《ひぼう》中傷の問題」を取《と》り扱《あつか》う予定でおります。「インターネット上での誹謗中傷」の問題は、現在も社会が抱《かか》える解決困難な問題であり、痛ましい事件も続いています。中二生徒の皆《みな》にも他人事《ひとごと》ではなく、自分に近い問題として、深く考えてほしいと思い、五時間前後の授業を予定しているところです。

その授業につき、SNS上の言葉の暴力の問題について取材を続けていらっしゃる毎日新聞の記者の方（宇多川はるか記者）より、取材依頼《いらい》の申し出がありました。学年団の先

生方にご理解を得、校長にも許可を頂くことができましたので、国語1の上記の授業につき、取材を受けていく予定です。〉

この後、プリントには、取材が授業の進行に影響《えいきょう》がないようにすることや、写真撮影《さつえい》や記事化の際の注意が記されていた。慎重《しんちょう》に取材態勢を整えてもらい、ありがたく思うと同時に、気を引《ひ》き締《し》めた。

授業は中学二年生を対象に、九月下旬《げじゅん》～十月中旬にかけて計六回行う計画。先進的な取り組みをしっかり取材し、伝えていこう。そう思った。

一章 教室の片隅《かたすみ》より

一時間目の朝

二〇二一年九月二十二日、いよいよ初回の授業スタートの朝。授業は一時限目で、午前八時十分から始まる。私は娘《むすめ》たちの保育園や学校への送りは前夜のうちに家族に頼《たの》み、起きてすぐ、あわててリュックを背負って家を出た。電車の遅延《ちえん》などを見こみ早めに出発したため、開成最寄《もよ》り駅《えき》のJR西日暮里駅《にしにっぽりえき》には、授業開始より約三十分前には着いた。

改札を出てすぐのカフェで、コーヒーとサンドイッチを頼む。ノートを開いて、直前の夏休みに開成を訪《おとず》れた日のことを思い出した。

青い空に真っ白な雲が映《は》える八月初旬《しょじゅん》。職員室近くの会議室で、神田先生と取材の打ち合わせをした。部活動に励《はげ》む生徒たちの声が窓の外から響《ひび》く中、神田先生はこう話した。

「生徒たちに学んでほしいのは、ノウハウではなく、思考する力なんです。知識として知るだけではダメで、お腹《なか》の中で理解するというか。中傷されたときにどうするかとか、知識として『やってはいけない』ではなく、お腹のあたりから居心地悪《いごこちわる》くなる感じです。そこまで持っていると、そこまで理解していると……」

神田先生は続けた。

「中傷はしないのではないかと思うんです」

そして、今回の授業にかぎらぬ、授業の目標の一つを教えてくれた。

「言葉の使い方に対して、直感的な違和感《いわかん》を鍛《きた》えること」だという。

私はこのとき、神田先生の話すことが、何となく分かりつつ、芯《しん》から理解できていなかったように思う。ロジカルな授業展開を語りつつ、「お腹のあたりから居心地悪くなる感じ」という感覚的なものを神田先生は強調した。その対比に、少し驚《おどろ》きもした。

そんなことを思い出しているうちに、授業十五分前に。カフェから見える窓の外には、白いワイシャツ姿の生徒たちが列をなして歩いているのが見える。急いでカフェを出て生徒たちに交ざって駅から学校へ渡《わた》る歩道橋を歩き、校内へ入った。

事務室で来校者用のネームプレートをもらって首から下げ、授業が開かれる「中学視聴覚《しちょうかく》教室」へ。扉《とびら》を開けると、教室は大学の講義室を思い出すような造りだった。すり鉢状《ばちじょう》でくぼみの中心に教壇《きょうだん》がある。前方中央には、大きなスクリーン。長椅子《ながいす》の座席は、後方に行くにつれて高く設置され、どの席からもスクリーンはよく見える。

私は一番乗りだった。窓際《まどぎわ》の最後列の隅《すみ》の席に座《すわ》り、リュックからノートとペン、カメラなどの取材道具を取り出す。一人待っていると、始業近くになり、次々と生徒たちが駆《か》けこんできた。

『突然、僕は殺人犯にされた』

授業のレポートに入る前に、授業の前提となる課題図書『突然、僕は殺人犯にされた』の中身を、少し詳《くわ》しくお伝えしておきたい。

この本は、一九九九年から約十年間にわたり、スマイリーキクチさんが姿の見えない中傷犯と闘《たたか》い、画期的なネット犯罪立件に至る過程が描《えが》かれている。

中傷の主な舞台《ぶたい》は、九九年に開設され、ネット上の巨大《きょだい》な掲示板《けいじばん》として存在していた「2ちゃんねる」（現「5ちゃんねる」）。「東京都足立区《あだちく》で実際に起きた残虐《ざんぎゃく》な女子高生殺害事件の犯人」という根も葉もないデマがネット上で広がり、スマイリーキクチさんへの中傷が絶えなくなる。自身のブログには殺害予告も書きこまれた。

本には、実際に「2ちゃんねる」に書きこまれた中傷の文言も細かに記される。

「事実無根を証明しろ、強姦《ごうかん》の共犯者、スマイリー鬼畜《きちく》、氏ね」

「犯罪者に人権はない、人殺しは即刻死刑《そっこくしけい》せよ」……

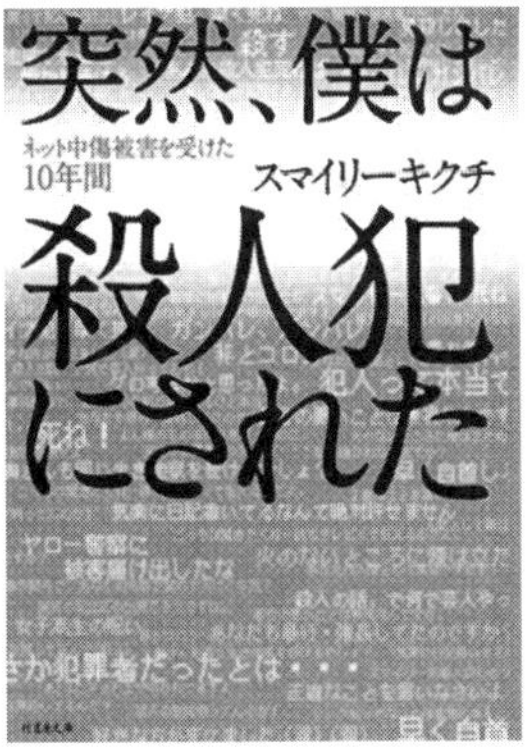

『突然、僕は殺人犯にされた』
スマイリーキクチ（竹書房文庫）

警察に相談するも、捜査《そうさ》は一筋縄ではいかない。証拠《しょうこ》がなく、書きこんだ人物を特定できないのだ。

そんな中でも、「気をしっかり持って、いつもどおり生活すれば、身の潔白を証明できる」と、芸人としての仕事にまい進するスマイリーキクチさん。だが、中傷はなくならないどころか、広がり続けた。中傷を引き起こしたデマは、疑問や悩《なや》みを検索《けんさく》できるサイト「Ｙａｈｏｏ！知恵袋《ちえぶくろ》」が発端《ほったん》だったりもした。次第《しだい》に、憎悪《ぞうお》の対象が自分だけではなく、家族や恋人《こいびと》に向くことに恐怖《きょうふ》が募《つの》る。

スマイリーキクチさんは、再度警察に相談する。しかし、警察はやはり取り合ってくれない。警察から言われたのは、「実際に被害《ひがい》に遭《あ》っていないと刑事《けいじ》事件にするのは無理」「殺されたら捜査《そうさ》しますよ」。被害の深刻さが伝わらなかったのだ。誹謗《ひぼう》中傷を解決してくれるというボランティア団体に祈《いの》るような気持ちで相談したが、「デマを信じる人は皆無《かいむ》」と一蹴《いっしゅう》される。ネットに詳《くわ》しい弁護士にも出会えない。

それでも、警察に相談し続けた結果、信頼《しんらい》できる刑事と出会えた。本格的な捜査が始まり、加害者が特定されていく。「死ね」とスマイリーキクチさんに暴言を浴びせ続けた加害者たちの正体は、サラリーマン、主婦、国立大職員、プログラマー、高校生……など、「どこにでもいる人たち」だった。スマイリーキクチさんとは、誰《だれ》一人《ひとり》面識はない。でも、スマイリーキクチさんが「犯人」というデマを信じ、「『犯人』が憎《にく》い」という思いだけでネット上でつながっていた――。

本には、スマイリーキクチさんが理不尽《りふじん》な被害に翻弄《ほんろう》されるやるせなさや、気丈《きじょう》に振《ふ》る舞《ま》おうとしたり落ちこんだりする気持ちの揺《ゆ》れ動《うご》きなど、心情も丁寧《ていねい》に記されている。その傍《かたわ》らで、寄《よ》り添《そ》い支えてくれる恋人《こいびと》や、悩《なや》みを聞いてくれる芸人仲間の存在も描《えが》かれる。被害当事者の貴重な記録だ。

この本を出版したあと、スマイリーキクチさんはネットリテラシーに関する啓発《けいはつ》活動を続けてきた。二〇一九年には、同じく中傷被害《ひがい》と闘《たたか》う弁護士らとともに、一般社団法人《いっぱんしゃだんほうじん》インターネット・ヒューマンライツ協会を設立。協会ホームページには、「〜中傷の加害者を減らすために〜」というタイトルのもと、このような文章がつづられている。

「SNSは気軽に書《か》き込《こ》み、触《ふ》れ合《あ》ったりすることができるコミュニケーションツールであり、面識がなくても友情を深め、絆《きずな》が生まれたり、感動や感激を共有することもできます。反面、価値観の違《ちが》いや言葉の行き違いから、誹謗《ひぼう》中傷などの悪意のある投稿《とうこう》やデマなど、インターネット上の人権侵害《しんがい》は増加傾向《けいこう》にあります。

法律による取《と》り締《し》まりもありますが、そもそも人権侵害を起こさない、起こさせないことが私たちにとって生きやすい世界ではないかと考えます。

私たち一人一人の意識、モラルの向上を図《はか》ることで、中傷の加害者を減らすことができれば、そのような世界に近づくことができると考え、私たちはインターネット・ヒューマンライツ協会を設立しました」

『突然、僕は殺人犯にされた』では、自身の体験とともに中傷被害《ひがい》を受けた場合の救済方法なども書かれ、「被害者へのメッセージ」が色濃《いろこ》い。それから時を経て、スマイリーキクチさんは被害救済だけではなく、「加害者を減らす」ことにエネルギーを注いでいる。

「何をもって大丈夫《だいじょうぶ》?」——一時間目

さあ、授業が始まった。

「ツイッターやってる人いる?」

授業が始まり、まず神田先生が生徒たちに問いかけた。パラパラと手が挙がる。「僕《ぼく》のアカウントをフォローしてくれている人もいるよね」と神田先生。今や生徒も先生もSNSを使うのだ。約十年前、神田先生が初めて『突然、僕は殺人犯にされた』を課題図書にしたときと比べ、子どもたちにとってSNSは格段に身近なものになっている。

利便性に比例して、誹謗《ひぼう》中傷の問題は深刻化する一方だ。スマイリーキクチさんが中傷被《ひ》害《がい》を受けた「2ちゃんねる（現・5ちゃんねる）」から、中傷の舞台《ぶたい》はツイッターなどSNSに代わっただけ。この本の中身が十年たっても色あせないのは、中傷被害がなくならない現実の裏返しでもある。

教室前方のスクリーンに、本の感想が映し出される。授業開始前、神田先生が生徒たちに書かせたものの一部だ。

〈現在は、インターネットに関する法律が厳しくなっていると知ったので、安心した〉

〈今はインターネットで誹謗中傷されても、個人が特定できるので良かった〉

読み上げつつ、「けっこうこういうのがありました」と神田先生。さらにスクリーンに一文を映し出す。

〈ネット犯罪が積極的に取《と》り締《し》まられる現在からしたら、考えられないことだ〉

視聴覚教室での授業風景

少し間を置き、神田先生が問いかけた。

「君たちは、このことについてどう思う?」

すぐに声が上がる。

「僕《ぼく》もそう思います!」

別の声も響《ひび》いた。

「今でも(被害《ひがい》は)ありませんか?」

ここで神田先生が矢継《やつ》ぎ早《ばや》に質問する。

「本当に法律は整備されたの? 何をもって大《だい》丈夫《じょうぶ》というの? 法整備されたら安心なの? 中傷した個人を特定できるとはいえ、特定の手順は大変手間のかかるものとも伝えられている……」

考えこむ生徒たちに、神田先生があるニュースの内容を紹介《しょうかい》した。ネット中傷の厳罰化《げんばつか》議論についてだった。

議論の対象になっていたのは、公然と人を侮辱《ぶじょく》した場合に適用される「侮辱罪《ぶじょくざい》」。木村花さんがＳＮＳで中傷を受けた末に亡《な》くなったあと、中傷被害者《ひがいしゃ》を救済したり、被害を防いだりするための法整備が叫《さけ》ばれた。授業が行われた二〇二一年秋時点で、侮辱罪の刑罰《けいばつ》は「刑《けい》事施設《じしせつ》での三十日未満の拘留《こうりゅう》か一万円未満の科料」と刑法では最も軽かった。これでは被害抑止《よくし》にならないという批判や、一年という公訴《こうそ》時効が短いとの指摘《してき》を受け、法務省が刑法の改正手続きを進めていたのだ。神田先生が紹介《しょうかい》したニュースは、こうした授業とリアルタイムで進む国の議論を伝えていた。（※侮辱罪は二〇二二年にも国会で審議《しんぎ》され、「一年以下の懲役《ちょうえき》もしくは禁錮《きんこ》もしくは三十万円以下の罰金または拘留もしくは科料」に法定刑が引き上げられた。公訴時効も三年に延びた）

初めの感想からみえるもの

「厳罰化による抑止」。神田先生は、ニュースにあったこのキーワードを繰《く》り返《かえ》し読み上げて強調し、考えることを促《うなが》しているようだった。私も考える。

同僚《どうりょう》記者が、誹謗《ひぼう》中傷を書きこむ加害者側の相談を受ける弁護士や団体に連絡《れんらく》を入れながら、加害者を直接取材する、ということを試みたことがある。取材を断られ続けながらたどり着いた加害者の一人は、同僚記者の取材に対し、こう答えていた。

「炎上《えんじょう》に加担し、情報を精査せず拡散してしまったのは、よくなかったと思いますが、悪意があったわけではないです」

「最初に被害者《ひがいしゃ》をネット上にさらして中傷を始めた人がいちばん問題だと思うし、うらみを抱《いだ》かれる被害者にも非はあったのでは。僕《ぼく》は巻きこまれた感じで、関わらなきゃよかったという後悔《こうかい》はあります。自分の中の正義は現実では通用しないことを知りました」――。

取材の最後まで、謝罪の言葉はなかったという。(※3　参照記事リンクは末尾《まつび》)

確かに、厳罰化《げんばつか》は抑止《よくし》につながると、私も思う。でも、暴言を書きこむ側に、そもそも罰に値《あたい》するという意識があるだろうか。車の両輪として欠かせないのは、厳罰化とともに、そもそも何が誹謗中傷なのか、何が罰に値するのかという共通認識《にんしき》ではないか。

そんなことを考えこんでいると、神田先生がスクリーンの前を行ったり来たりしながらつぶやく。

「確かに抑止《よくし》のために、厳罰化《げんばつか》は一つの方法。だけど、厳罰化すれば誹謗《ひぼう》中傷がなくなるわけではないよね。法律が整備されれば、問題は解決するのか」

神田先生は問いかけつつ、生徒たちの感想を再び紹介《しょうかい》した。

〈現在はインターネットも普及《ふきゅう》し、被害者《ひがいしゃ》になるリスク・加害者になるリスクも高まっている〉

〈神田先生の以前言っていた「本名でないと、怖《こわ》くてツイッターをやれない」という言葉の意味が少し分かった〉

神田先生はほおを緩《ゆる》めて言った。

「忘れていたんだけど、感想に挙げてくれてうれしかったな」

本名でない匿名《とくめい》でも、全世界に発信する言葉には本来、責任が伴《ともな》うものだ。匿名は時に、それを忘れさせる。本名でないと中傷や思わぬ炎上《えんじょう》の種を発信してしまいかねない、その

「怖さ」を、神田先生は生徒たちに伝えていた。
二つの感想からは、「自分も誹謗《ひぼう》中傷を書きこんでしまうかもしれない」という恐《おそ》れがあるように感じた。一方で、私は、自分はどうやっても、中傷加害者になる気はしない。加害者になるかもしれない、という恐れはない。この時点では、そう思っていた。

神田先生が最後に示したのは、K君の感想。

〈「他人事《ひとごと》ではない」という意識が大事だと感じた〉

神田先生は「他人事ではない」をスライド上で赤文字にして、続けた。
「他人事感覚を乗り越《のこ》える。君にもつながる問題として、社会のこと、人間のこと、ネットのこと、言葉のこと、こういうことをキーワードにして、授業をやっていければと思っています」
生徒と先生の垣根《かきね》なく、率直《そっちょく》な意見を出し合う対話形式の授業。私はその活発さに圧倒《あっとう》されつつ、グッと引きこまれ、五十分間の授業はあっという間に感じた。

ネットという道具の「圧」を知る――二時間目

九月二十四日の二回目の授業。冒頭《ぼうとう》、この日も神田先生がスクリーンに映し出したのは、授業開始前に生徒から集めた、課題図書『突然、僕は殺人犯にされた』の感想だった。

〈特定の人物をさらし上げることができるのが、インターネットの怖《こわ》さだと思った〉

〈一般人《いっぱんじん》が日々のストレスなどでキクチさんに誹謗《ひぼう》中傷を書いているのが本当に恐《おそ》ろしい〉

〈具体的な事例を知ることで、ネットの恐ろしさがよく分かった〉

〈加害者としての自覚がほとんどないことが何よりも恐ろしかった〉

〈普段《ふだん》、便利だと思って使っているネットという世界の、瞬間的《しゅんかんてき》拡散性に恐《おそ》ろしさを感じた〉

〈ネットの書きこみの身勝手さや、人間の残酷《ざんこく》さを怖《こわ》いと思った〉

神田先生は一通り紹介《しょうかい》したあと、投げかける。

「『恐ろしい』という言葉をみんな使っているけれど、恐ろしいのはネットなの？　人なの？」

根源的な問いに、ざわつく生徒たち。確かに、生徒たちが感想でつづる「恐ろしい」の中には、ネットという装置に対してのものと、人間に対するものがある。私はというと、このとき、どちらかと言えば「ネットという装置の拡散性のほうが恐ろしい」と思っていた。

私は新聞記者になってから、取材して原稿《げんこう》を書き、その原稿をデスク（記者に指示をしたり、原稿を修正したりする役職）に見てもらい、デスクから指摘《してき》をたくさん受け、何度も書き直してきた。さらに、その原稿を同じ会社の校閲《こうえつ》担当記者に確認《かくにん》してもらい、やっと新聞紙上やウェブサイトに記事が掲載《けいさい》されている。一連のプロセスである「編集」作業を通さず、誰《だれ》もが一人きりで全世界に活字を発信できるSNSというツールは、本当に恐《おそ》ろしい……そんなふうに思っていた。授業の回を重ねるごとに、徐々《じょじょ》に考えは変化していくことになるのだが。

「きょうはひとまず、ネットの側の観点を考えたい」。神田先生は呼《よ》び掛《か》けた。

直近のニュースから考える

スクリーンに映し出された一枚の写真。女子プロレス選手、木村花さんの写真だった。写真とともに、神田先生はこんなニュースを紹介《しょうかい》した。

〈木村花さんの母を侮辱《ぶじょく》疑いで40代男性を書類送検〉

花さんの死後、侮辱罪の厳罰化《げんばつか》などを訴《うった》える母響子さんに対し、ネット上では中傷が相次いでいた。神田先生が説明したニュースは、響子さんを中傷した男性が、侮辱《ぶじょく》容疑で書類送検されたことを伝えていた。

「意味分かんねー」

神妙《しんみょう》な表情で記事を見つめていた生徒たちの一人が、声を上げた。悲しむ遺族に追い打ちをかけるような中傷への、疑問だった。このつぶやきを、神田先生は聞《き》き逃《のが》さず記憶《きおく》していた。この「意味分かんねー」は、後の授業で再び取り上げられる、重要な言葉になる。

神田先生はもう一つ、リアルタイムのニュースを説明した。生徒たちと同世代の事件に関連したニュースだった。

二〇二一年三月、北海道旭川市《あさひかわし》で中学二年の女子生徒（当時十四歳《さい》）が凍死《とうし》した状態で見つかった。背景にはいじめがあった疑いがあるとして、旭川市教育委員会は事実関係の調査を第三者委員会に委託《いたく》。同委員会が約一年四ヵ月かけて調査した最終報告書は、自身の性的な動画送信を強要するなど、上級生らによるいじめを認定《にんてい》し、凍死は「自殺と考えられる」と結論付けた。

女子生徒は生前、病院で「心的外傷後ストレス障害（ＰＴＳＤ）」との診断《しんだん》を受け入院もしている。母親は学校に何度もいじめ被害《ひがい》を訴《うった》えたが、取り合ってもらえなかったという。最終報告書は、事態を把握《はあく》した当時の学校や市教委の対応について、「主体的に取り組む姿勢が欠如《けつじょ》していた」などと批判。その一方で、いじめと自殺との因果関係は「不明」とした。自殺の背景として女子生徒が抑《よく》うつ状態にあったことなどを指摘《してき》しながら、いじめが自殺につながったという判断は避《さ》けた格好だ。遺族側は納得《なっとく》せず、再調査となった。

一連の報道は、あどけない表情でほほえむ女子生徒の写真とともに、「凍死《とうし》」という痛ましい事態が伝えられ、社会にいじめの深刻さを強く印象付けた。

神田先生が説明したのは、この事件をめぐるデマについて。事件に全く無関係の高校生がネット上で「加害者」の一人に仕立てられ、この高校生がデマ投稿《とうこう》を問い提訴《ていそ》したというニュースだ。

同世代のネット中傷被害を伝えた記事に、教室はざわめいた。大きな関心を持っていることがうかがえた。

「スマイリーと同じじゃん」という声も上がった。

「いいね」がつくとうれしい自分……

「なぜこういうことが続くんだろう?」

「ネットに誘引《ゆういん》する要素がある?」

「手紙だったらやるかな?」

「例えば手紙とSNSの違《ちが》いは?」——。

またも矢継《やつ》ぎ早《ばや》に投げかける神田先生に、生徒からすぐ声が上がった。

「自分の書きこみに共感者が出る」

神田先生はうなずく。「手紙だと、共感者が出ないか。SNSの書きこみだと、みんなが見ている。なるほど。確かに、僕《ぼく》も自分のツイートだったりフェイスブックの投稿《とうこう》に対し、『いいね』されるとうれしい。反応があったぞ、みたいなね」

私も自分に引きつけて考えてみる。私にもツイッターのアカウントがある。情報源を探すのに役立ったり、時に読者からの情報提供があったりするからだ。発信はあまりしていない。フェイスブックにもアカウントはあるが、もう何年も投稿《とうこう》していない。活用するとしたら、学生時代の旧友たちとの個人的なメッセージのやり取りのみ。

私は新聞記事でニュースを発信する仕事をしている。媒体《ばいたい》は新聞紙面でもネットでもある。ネットでは、新聞社が運営するウェブサイトだけではなく、「Ｙａｈｏｏ！」などのニュースサイトに記事が掲載《けいさい》されることもある。新聞社は、こうしたポータルサイトに記事を提供する有償契約《ゆうしょうけいやく》をしているからだ。

さまざまな媒体を通した新聞記事の影響力《えいきょうりょく》や公共性は確実にあり、信頼性《しんらいせい》はまだまだ高いと信じる。だから、新聞記者である私はどうしても、ＳＮＳでの発信に新聞記事で発信する以上の意義を感じられていない。

それでも、自分でつぶやいて初めて分かるものもあるだろう……。そう考え、多くの方々に伝えたい記事のリンクを自分のアカウントに貼《は》り付《つ》けてみたり、記事の感想を書きこんでみたりしている。日常的に感じたりしたことも、ごくたまに、ツイートしてみた。

つぶやき出すと、確かにツイート下の「♡」マークが示す「いいね」の数が増えるのは、なんとなくうれしいものだ。逆に、何の反応もないと、少し寂《さび》しくなったりもする。

消されたアカウント

そう考えていると、先の神田先生による問い——「なぜ、ネット上、SNSでは誹謗《ひぼう》中傷が絶えないのか」「手紙と何が違《ちが》うのか」——に対し、生徒たちが次々と声を上げて応えていた。

「匿名《とくめい》の安心感」と、ある生徒。

「スマホと指先があればできる」と、別の生徒。

神田先生が相づちを打つ。

「確かに、書きこむのは一瞬《いっしゅん》だよな、手間はかからない。だけど、手紙は一瞬じゃない。便せんを用意して、手紙を書いて封筒《ふうとう》に入れて、封筒を閉じて、切手貼《は》ろうと思ったら『切手ねーよ！』とかなったりしてね。そんな手間はかかる。ツイートは、そういう手間はかからない……」

他の生徒からも声が上がった。

「(投稿《とうこう》は)消そうと思ったら消せる」

この発言を聞いて、私の頭にありありとよぎったイメージがある。

二〇二〇年五月。木村花さんが誹謗《ひぼう》中傷された末に亡《な》くなったとの一報を知り、花さんのアカウントを開いたときに目に飛びこんできた、「このツイートは表示できません」のオンパレードだ。中傷したあとに、アカウントごと姿を消した人々が確かに存在する。匿名《とくめい》で人を死に追いやるような言葉を投げつけ、責任を問われそうになれば姿を消して退散できる……。SNSというプラットフォーム(システムやサービスの基盤《きばん》)の、無責任な構造を思わずにはいられなかった。

リツイートの怖《こわ》さ

神田先生の問いに対し、また別の意見も挙がった。

「これはツイッターだけかもしれないけれど、リツイート機能がある」

神田先生は深くうなずきながら言う。

「リツイート機能って怖《こわ》いよね……。操作は簡単さ。一瞬《いっしゅん》だもんね。でもね、ほんとリツイートは怖いよ。デマをリツイートしたら拡散に加担する」

リツイートは怖い――。

私はちょうど授業が開かれた当時、ある裁判の取材を通し、つくづく感じていた。

性暴力被害《ひがい》を告発したジャーナリスト、伊藤詩織《いとうしおり》さんの裁判だ。

伊藤さんは二〇一七年、就職先の紹介《しょうかい》を受けるために会食した元TBS記者から性暴力を受けたと訴《うった》え、東京地裁に提訴《ていそ》した。性行為《せいこうい》をめぐる同意の有無《うむ》が争点だった。裁判は一、二審《しん》とも「同意がなかった」とする伊藤さんの説明の信用性を認めた。この点について元TBS記者は判決を不服として上告したが、最高裁で棄却《ききゃく》された（名誉毀損《めいよきそん》の一部は認定《にんてい》）。最高裁での決着に至ったのは二〇二二年。伊藤さんが顔と氏名を公《おおやけ》にして闘《たたか》った訴訟《そしょう》は、約五年におよんだ。この間、伊藤さんが闘っていたものは、性暴力そのものだけではなかった。被害を公にすることでわいた、SNS上の誹謗《ひぼう》中傷とも闘っていた。

伊藤さんは二〇二〇年六月、伊藤さんとみられる女性の姿とともに「枕営業《まくらえいぎょう》大失敗!!」な

ど と記したイラストを伴《ともな》うツイートをSNS上で公開した漫画家《まんがか》を提訴《ていそ》。伊藤さんが虚偽《きょぎ》の性暴力被害《ひがい》を訴《うった》えているかのような印象を与《あた》える侮辱的《ぶじょくてき》な内容で、伊藤さんの名誉《めいよ》を傷つけたという主張だった。

この訴訟《そしょう》で注目を集めたのは、この漫画家のツイートをリツイートした男性二人も、同時に提訴されたことである。伊藤さんは「ツイートにより名誉毀損《きそん》された人の社会的評価の低下は、ツイートを不特定多数の人が認識《にんしき》できる状態にすることで発生する」として、法的責任はこの漫画家と変わらないと指摘《してき》していた。

まさに、リツイートの責任を問うた裁判だった。この裁判は、漫画家のツイート五件中四件の名誉毀損を認定したほか、リツイートした男性二人も伊藤さんの名誉感情を侵害《しんがい》したと認定し、損害賠償《ばいしょう》を命じる結果となっている。

伊藤さんの訴訟については、その後の司法判断をもう一つ付記しておきたい。「いいね」訴訟だ。

伊藤さんは二〇二〇年八月、自身を中傷するツイッター投稿《とうこう》への「いいね」の違法性《いほうせい》を問い、自民党の杉田水脈《すぎたみお》衆院議員も提訴していた。

どのような内容のツイートに対する「いいね」か。東京高裁判決などによると、性暴力を受けたと訴《うった》える伊藤さんに対し、次のような複数の匿名投稿《とくめいとうこう》がなされた。

〈顔を出して告発する時点で胡散臭《うさんくさ》い。厳しいようですが同情で国を貶《おとし》め、それを飯のタネにしたいという意図が見えて賛同できません〉

〈確信犯…彼女《かのじょ》がハニートラップを仕掛《しか》けて、結果が伴《ともな》わなかったから被害者《ひがいしゃ》として考え変えて、そこにマスコミがつけこんだ！〉

伊藤さんは、杉田議員がこうした投稿などに「いいね」を押《お》したことの責任を問うた。他にも、伊藤さんを擁護《ようご》したツイッターアカウントに寄せられた「キチガイ」「品性ねーよ」などのリプライ（返信）について、杉田議員が「いいね」を押していたことも指摘《してき》した。

この訴訟《そしょう》で、一審《しん》・東京地裁判決では杉田議員の賠償《ばいしょう》責任を否定したが、二審・東京高裁判決はその判断から一転し、「不法行為《こうい》」を認めた。「積極的に名誉《めいよ》感情を害する意図で『いいね』を押しており、限度を超《こ》えた侮辱《ぶじょく》行為で不法行為に当たる」との判断だった。（※杉田議員はその後、最高裁に上告）

「リツイート」に関しては「名誉毀損《きそん》に当たる」という判例はあったが、「いいね」の訴訟は珍《めずら》しく、提訴をめぐっては「やりすぎでは」という声もあった。ただ、提訴時の記者会見で、伊藤さん側の弁護士が伊藤さんを代弁して伝えた言葉を紹介《しょうかい》したい。

「何とか誹謗《ひぼう》中傷の連鎖《れんさ》を止めたいと思って起こしたアクション」

私の心には、この言葉が深く刻まれていた。伊藤さんは、暴言が暴言を呼び、♡マークで拡散していく、そのSNS空間を変えていくために、訴訟《そしょう》という手段をとった。その結果、画期的な高裁判決にもつながった。司法判断は判例の積み重ねによる。SNS上の中傷をめぐる伊藤さんの一連の訴訟は、貴重な判例を重ねた。「アクション」は、負の連鎖に一石を投じたと思う。


話を授業に戻《もど》したい。神田先生は「こうやってみていくと……」と言いながらプリントを配り、問いかけた。

「SNSは、手紙や電話による誹謗中傷や抗議《こうぎ》とは、かなり違《ちが》ったところが見えてこない？」

最後列に座《すわ》っていた私にも、ほどなくプリントが回ってきた。見ると、神田先生のまとめが書かれていた。

〈本日のまとめ
道具としてのネットの問題への対処
ネットが、人の感情（悪意？）を、加速させる傾向《けいこう》を持った装置であるということを、弁《わきま》える。自分にもそのような圧がかかってきていると、自覚的になる〉

「文明社会の野蛮人《やばんじん》」

神田先生のまとめをめぐり、生徒たちは近くの友人と感想を述べ合っていた。教室がザワザワする中、神田先生が再びプリントを配る。書かれていた言葉が目に飛びこんできた。

〈文明社会の野蛮人〉

プリントには、こう説明があった。
「スペインの哲学者《てつがくしゃ》、オルテガの言葉。文明が発達し、生活が便利になるほど人々が無知・

無批判になり、何も考えずに行動するようになっていくこと」

オルテガ（一八八三～一九五五）が代表的な著書、『大衆の反逆』の中で示した言葉だ。なんと端的《たんてき》な言葉か。テクノロジーの発達と、置き去りにされる人の心とリテラシー。SNSをめぐり漠然《ばくぜん》と感じていた問題意識が、バシッと言語化されていると感じた。


「百年以上も前の学者が予言している。見事な逆説的な発想だ」

神田先生は神妙《しんみょう》な表情で言う。

「普通《ふつう》に考えれば、文明が発達すれば野蛮《やばん》さはなくなっていく。でも、文明が発達したから、野蛮なものが加速したと」

そして、生徒たちを見つめながら話した。

「SNSに置《お》き換《か》えれば、この道具が人格を変える部分もあるかもしれない。そういう傾向《けいこう》を持った装置であるということを、弁《わきま》えてほしいな」

神田先生は、オルテガのこの言葉を、ネットが加速させる暴力性とリンクさせていく。話は対戦型ゲームにもおよんだ。

「いつもすごく穏《おだ》やかなのに、対戦型ゲームをやると突然《とつぜん》『死ね！』とか言って人格変わっちゃう人いない？」

教室は再びザワザワ。

「いるいる」という声も。

神田先生は続けて問う。

「それって道具に人格変えられちゃっている。なんでかな？」

生徒たちは考えながら、言葉にしていく。

「まわりが見えなくなるから」

「一種の安心感。画面越《がめんご》しで、感情が分からない」

思案顔で発言する生徒たちを前に、神田先生が「道具によって、より過激になるっていうことだよね。いろんな意見があってよかった」と締《し》めくくりにかかろうとしていた。そこに一人の生徒が手を挙げた。

「ネットで人格が変わらない人もいるわけだし、（暴力的な書きこみをする人は）それがもともと本性《ほんしょう》なのではないですか。普段《ふだん》出ていないだけで」

静まる教室。一理あるかもしれない。

神田先生は少し間を置いて「なるほど。厳しい見方だな……」とつぶやき、どちらとも答えずこう続けた。

「ただ、『俺《おれ》は（暴力的な人格ではないから）大丈夫《だいじょうぶ》』と思いすぎないことが大事。だから、次回は『俺にもそういう傾向《けいこう》があるかもしれない』ということを考えてみよう」

授業後、パソコンを片付けようとしている神田先生のもとに、二人の生徒が近寄っていった。一人が言う。

「ネットで残ることは消せないけれど、スマイリーさんも結局、本当の友達に救われているから、やっぱり友達が大事なんじゃないか」

確かに、『突然、僕は殺人犯にされた』では、スマイリーキクチさんに寄《よ》り添《そ》おうという人が、たくさん現れる。恋人《こいびと》、芸人仲間、刑事《けいじ》……。

神田先生はじっと生徒を見つめ、応える。

「うん。そうだね。そのあたりに気づいてほしい」

生徒たちはうなずきながら教室をあとにした。

生徒たちを見送り、神田先生は私に言った。「もう気づいているんですよね。結局リアルの世界が大事だということに。中二にはちょっと難しいかな、とも思ったけれど、やっぱり身近なんでしょうね。けっこうツイッターやっている生徒もいるし。ゲームの話も、ちょっと自分もそうかな、と思ったんじゃないのかな」

生徒たちが自分に引きつけて、真剣《しんけん》に考えているのが伝わってきた。「自分ごと」として考えていた。生徒たちが騒《さわ》がしく行《い》き交《か》う休み時間の校舎を歩きながら、私は次の授業展開に思いをめぐらせた。

手軽な加害と深刻な被害《ひがい》——三時間目

「気をつけ、礼!」

チャイムが鳴った。九月二十九日朝、三時間目の授業が始まる。

前回までの授業では、「他人事《ひとごと》」にしない感覚と、中傷を加速させる装置としてのネットの特性を考えてきた。一連の授業が始まる前に神田先生からもらっていた授業計画によると、ここからは「人間の側の問題」を考える。

「まずは復習から！」

神田先生のよく通る声が朝の教室に響《ひび》く。スクリーンには、「道具としてのネットの問題」という言葉。神田先生が投げかける。

「なぜネット上の誹謗《ひぼう》中傷が心に刺《さ》さるのか？　なんでだと思う？」

生徒たちは思考をめぐらせ、思い思いに発言する。

「匿名《とくめい》だから、誰《だれ》がやっているか分からない」

「（ネガティブな発言が）大量になる」

「相手の目的が分からない」

神田先生は一つ一つにうなずきながら、「これも大きいと思うな」と付け足した。

「いつでも届く、夜中でも届くということだよ。スマホは常に持ち歩いている。自分への誹謗中傷がＳＮＳに書かれたら、手元に誹謗中傷を持ち歩いちゃうってことだ。読み返すなと思っても、読み返しちゃうものなんじゃないかな」

ここで神田先生はスマイリーキクチさんの言葉を一つ紹介《しょうかい》した。

〝スープに入ったハエ〟

スマイリーキクチさんは、誹謗《ひぼう》中傷がどうしても気になる被害者側《ひがいしゃ》の気持ちを、しばしばこのように例える。スープにハエが入っていて、それ以外は何も問題ないスープでも、「ではハエを見なければいい」とスープを飲むことはできない。ハエを気にせずにスープを飲むことなど、無理な話だ。誹謗中傷も、そのハエと一緒《いっしょ》。一つでもあれば、気になる。そんな心情を、スマイリーキクチさんはこの言葉で表現する。

「『言い得て妙《みょう》』な言葉だと思いました」と神田先生。

そして、教室前方のスクリーンに「手軽な加害と深刻な被害」と映し出した。

まさに、私がネット中傷を取材しながら感じてきたことだった。被害者、加害者両面の実相に迫《せま》る中で強く感じたのは、被害者と加害者の間にある深い溝《みぞ》だった。被害者にとっては命を落とすまで追《お》い詰《つ》められるような暴言を、加害者はいとも軽く書きこむ実態が取材で分かった。時に傷つけようという意識もない。

何がこの意識のギャップを生み出すのかを考えれば、私は、厳しいルールの有無《うむ》は本質ではないように感じていた。深刻なのは、他者の痛みに対する想像力の欠如《けつじょ》ではないか。

神田先生はスクリーンの言葉を見つめながら、生徒たちに語りかけた。

「人を殴《なぐ》るのって手軽じゃないよね。でも、ネット中傷はなんとも手軽だ。手軽な一方で、被害《ひがい》は深刻。この落差たるや大変なことなんだ」

ここで今回の授業のテーマが改めて画面に映し出された。

〈人間の側の問題〉——。

人間の欲求から考える

「三大欲求って知ってる？」

神田先生が唐突《とうとつ》に聞く。

「食欲」

「睡眠欲《すいみんよく》」

すぐに生徒たちが答えたあと、「性欲」という声も上がり、少し笑いが起きた。まだ出てくる。

「物欲」

「支配欲」

「承認《しょうにん》欲求」という言葉まで挙がった。

「食欲、睡眠《すいみん》欲、性欲は本能的な欲求、つまり一次的な欲求だ。そのほかの物欲とか支配欲、承認欲求は二次的欲求って言うの」

神田先生は生徒から出た欲求に関する言葉を整理しながら、

「ここで一つ聞きたいのだけど」

と問いかけた。

「他者とのコミュニケーションをとりたい欲求は（一次的欲求、二次的欲求で分類すると）どのあたりになる？　一次的欲求なのか、二次的欲求なのか……」

「全部に関わる」

ある生徒が答えた。

「なるほどね。いろんな欲求にとって、コミュニケーションは大事だよな」

と神田先生はうなずきながら、

「例えば僕《ぼく》はこう考えてみました」

とスクリーンに考えを映し出し、読み上げた。

「個体としては弱体な人間が生き残る戦略として、人間は他者と共同したから生き残った。だから、コミュニケーションは生き残りに大事。コミュニケーション欲求は、本能的欲求に近いものなんじゃないのか」

神田先生は欲求についてさらに深めていく。配ったのは一枚のプリント。最後列の私にも回ってきた。見ると、五段階に色分けされたピラミッド形の図が描《か》かれている。スクリーンにも映し出された。米国の心理学者マズロー（一九〇八〜一九七〇）の「欲求五段階説」だ。

マズローによれば、欲求は五段階からなる。ピラミッドの最下段は生命維持《いじ》に関わる「生理的欲求」、そこから身の安全に関わる「安全の欲求」、他者と関わり集団への帰属を欲《ほっ》する「社会的欲求（帰属欲求）」、他者から認められ自己を認めたいという「承認《しょうにん》欲求」と積み上がり、頂点は自分を成長させ自分らしく生きたいという「自己実現の欲求」だ。下段の欲求が実現するに従い、上段の欲求を人間は求めるようになるという。

マズローの「欲求五段階説」

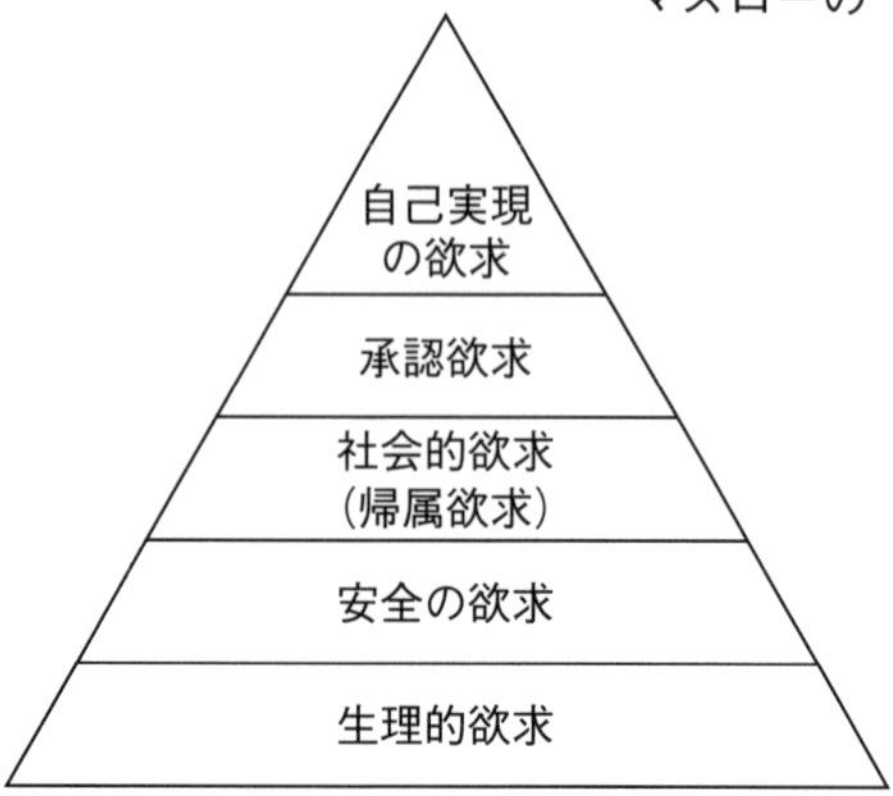

「君たちはどこらへんまで満たされている？」

と問う神田先生。

「三つ目（社会的欲求）ぐらいまではひとまず大丈夫《だいじょうぶ》なんじゃない？」

「承認《しょうにん》欲求は満たされてないな」

生徒たちは口々に言いながら、自分に引きつけて考える。ここで神田先生が先ほど話題にした「コミュニケーション欲求」に話を戻《もど》した。

「コミュニケーションは常に、相手から誤解されたり、攻撃《こうげき》されたりするリスクもあるよね。でも、自分だけは安全な場所から安易にコミュニケーションがとれる方法があるとしたら？」

「あー！」

生徒たちがざわついた。

神田先生は続ける。

「そんな方法があったら飛びつかない？　そう、ネットの書きこみだ。安全な場所から安易にコミュニケーション欲求を充足《じゅうそく》できるし、危険になったらすぐ撤退《てったい》もできる」

神田先生はたたみかける。

「炎上《えんじょう》に参加すると、仲間に入った気になる。祭りに参加、乗《の》り遅《おく》れちゃヤバい、みたいな……」

「バスに乗り遅れるな」

生徒の一人が声を上げた。時流に乗り遅れるな、という意味の言葉だ。神田先生の発言から連想したのだろう。

「なるほどね。（炎上や祭りに加わって）みんな仲間、俺《おれ》も仲間、みたいな感じか。乗り遅れちゃヤバい……」

と神田先生。

スクリーン上で、マズローのピラミッド三段階目の「社会的欲求（帰属欲求）」と「炎上に参加、祭りに参加」をリンクさせてみせた。ネット上の書きこみと人間の欲求の関係を説明したいようだ。

もう一段上の「承認《しょうにん》欲求」についてはこう言った。

「ツイッターをやっていると、『いいね』がたくさんついたほうがうれしいよね。僕《ぼく》だって、何もつかないとやっぱり寂《さび》しい。『いいね』一つでもあると、うれしいものだ」

私も心の中で「分かるな」とつぶやく。

最後はピラミッドの頂点の「自己実現の欲求」だ。神田先生は、スクリーンに映されたピラミッドを見つめながら、ゆっくり話す。

「自己実現のために、自分を高めるって本来なかなか難しい。でも、安易な方法がある。人をおとしめて他者より優位になったと感じることで、自己実現欲求も満たされた気になってしまうんだ。さらに『正義を行使した』という高揚感《こうようかん》のおまけつきだ」

神田先生は、マズローの欲求五段階説のピラミッドに、ネット上の誹謗《ひぼう》中傷で満たされる欲求を重ねた図をスクリーンに示した。そして、一呼吸置き、生徒たちに改めて伝えた。

「ネット上の書きこみは、人間が持っている欲求を非常に安易な方法で充足《じゅうそく》できるってことだ。ただ……」

と神田先生は続けた。

「あくまで『かりそめ』だよね。本当に充足させるには努力が必要だ」

現実世界でマズローが言うような欲求を満たすには、それぞれの段階で努力が必要だろ

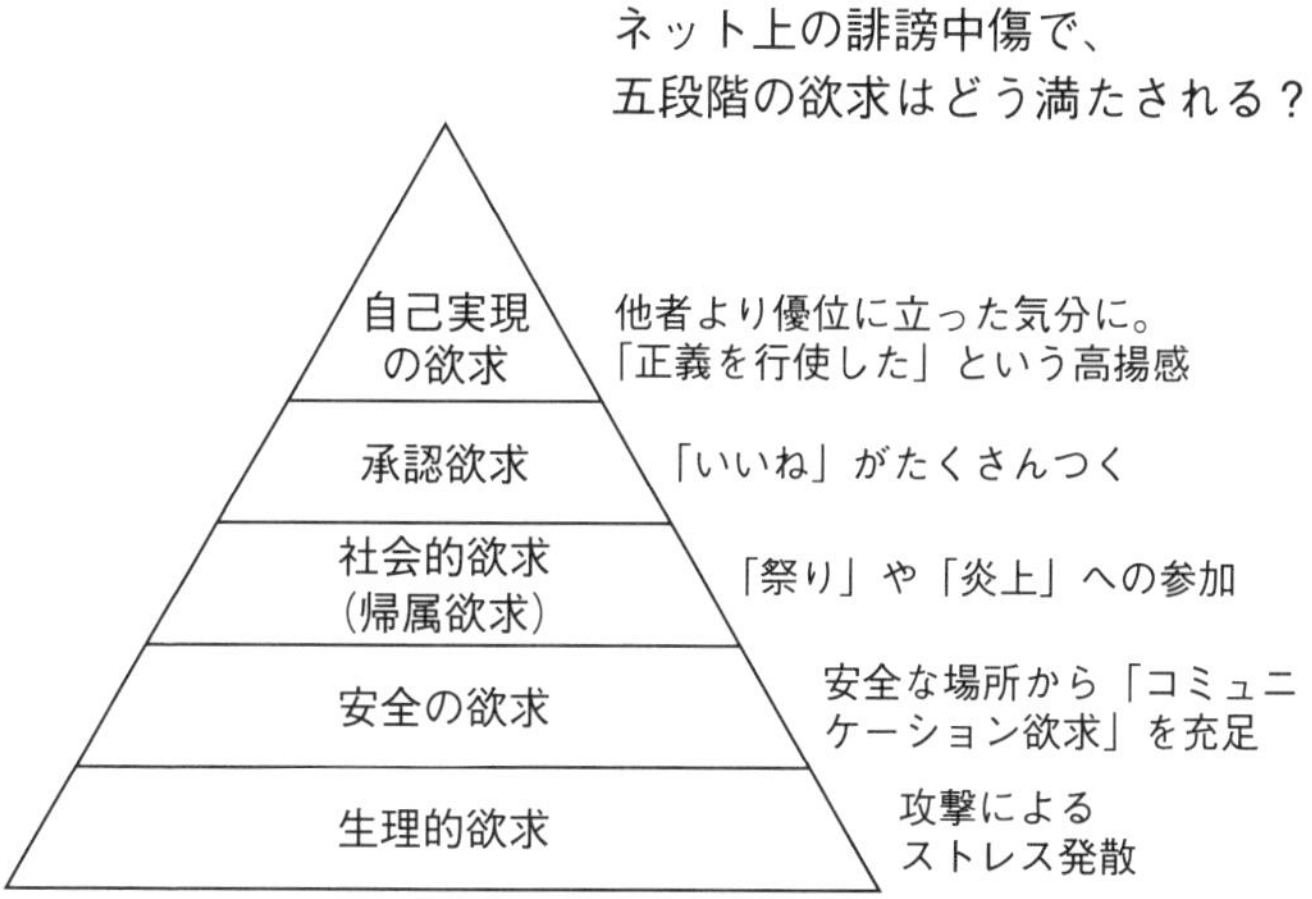
ネット上の誹謗中傷で、
五段階の欲求はどう満たされる？
自己実現の欲求
他者より優位に立った気分に。「正義を行使した」という高揚感
承認欲求
「いいね」がたくさんつく
社会的欲求（帰属欲求）
「祭り」や「炎上」への参加
安全の欲求
安全な場所から「コミュニケーション欲求」を充足
生理的欲求
攻撃によるストレス発散

う。でも、ネット上の書きこみは、スマホと指さえあれば安易に欲求が満たされてしまう。そういうことを神田先生は伝えたいらしい。

　課題図書『突然、僕は殺人犯にされた』には、スマイリーキクチさんを中傷した「加害者」が、取り調べの過程で述べた弁明も記す。「離婚《りこん》をして辛《つら》かった」「妊娠中《にんしんちゅう》の不安からやった」などという身勝手な言い訳だ。神田先生はその点に触《ふ》れた。

「じゃあどうすれば良かったんだろう？」

「再婚《さいこん》とかじゃない？」——。

生徒たちは口々に言い合う。

「もう少し考えてみよう」

神田先生がそう呼《よ》び掛《か》けながら「充足感《じゅうそくかん》がな

い。時間だけはある、そういう心の隙間《すきま》にネットがつけこんでくる」と言いかけたとき、一人の生徒がつぶやいた。

「俺《おれ》は時間だけはある」

神田先生が反応した。

「そう！　今『俺は』って言ったよね。自己実現感がなくて時間だけはある。何が言いたいかというと、実はけっこう……」

神田先生は再び「けっこう」と繰《く》り返《かえ》し、続けた。

「君たちに関係しない？　って話なんだ」

君たちに関わる「わな」

〈アイデンティティー〉

〈モラトリアム〉

神田先生はスクリーンにキーワードを示して問う。

「この言葉知ってる？」

「アイデンティティーは知っているけれど、モラトリアムは分かりません」

とある生徒。

神田先生は言葉を替《か》えて再び問う。

「君たちは『なぜ僕《ぼく》は僕なの？』とか考えたりしない？　抽象的《ちゅうしょうてき》な思考で自分探しを悩《なや》み始《はじ》めるのが、中二、中三ごろと言われている。つまり、アイデンティティーに悩み始めるのは中二、中三ぐらいなんじゃないかな」

ある生徒の声が教室に通った。

「めちゃくちゃ分かる」

次に、「精神的にも不安定」という声も上がった。

神田先生はうなずきながら、「モラトリアムは『猶予期間《ゆうよ》』のことだ」と説明する。

「何を猶予されているかというと、社会にどう関わっていくのか、その決定を猶予されているんだね。社会との関わり方が猶予されている。身体《からだ》は十分できあがっているにもかかわらず、社会との関わりは薄《うす》い。でも……」

と続ける。

「時間だけはある。ここらへん、すごくネットが君たちをはめる『わな』となって責めてくるところだから。君が今想像しているのと比べものにならないぐらいの自己実現感のなさとか、他者からの排斥《はいせき》、集団への帰属感の薄さが、これからの人生で君に訪《おとず》れるかもしれない。想像を絶するようなものが、だよ」

神田先生は生徒たちを真っすぐ見つめて言った。「そのときに、それでも自分はネットに逃《に》げこんだりしない、ネット中傷などしない、大丈夫《だいじょうぶ》、という君たちであってほしいわけよ。もしくは、そういうときに、ネットは君を誘《さそ》いこむ危ない装置だということも、覚えていてほしい」


これは現代文の授業なのか……

この言葉は、私の胸にも迫《せま》るものだった。

「加害者になるな」

「他人事《ひとごと》のように考えるな」

神田先生は懸命《けんめい》に伝えていた。心理学や哲学《てつがく》で確立されてきた概念《がいねん》と現代的なネット中傷の課題を行き来しながら、生徒たちは自分に引きつけて考え始めている。果たしてこれは、現代文の授業なのか……私は一瞬《いっしゅん》分からなくなったが、これからを生きる子どもたちにとって、大切な「教育」のあり方を見た気がした。

私自身にも引きつけてみる。神田先生が言うように、想像もしなかったような悲しみは、人生の中で時に訪《おとず》れる。その大小は本人しか測れないだろうが、悲しみのない人生なんてない。私にも、自暴自棄《じぼうじき》になりそうなときが、確かにある。そんなときに、自分を維持《いじ》しようと「はけ口」を求めないか。手元のスマホでストレスを発散しようとしないか。「そんな発想にはならない」と、私は完全に言い切れるか。


ここで、授業終了《しゅうりょう》を告げるチャイムが鳴る。

「次回は『正義の行使感』について考えよう」

何が正義か。正義に反することとは何か。正解がない問いだ。

テーマは「正義」へ——四時間目

これまでの授業では、ネットの特性、そして、それを使う人間の側の問題を考えてきた。十月四日、後半の四時間目の授業は、いよいよ「正義」とは何か、という課題と向き合うことになる。人の数だけある「正義」。これをテーマに授業をするってどういうことだろう……。この日の朝、開成最寄《もよ》りのJR西日暮里駅に向かう電車の中で、私はつり革《かわ》につかまりながら考えていた。

「実名制にしたほうがいい？」

「ちょっと極端《きょくたん》。匿名《とくめい》で手軽に書きこめるからこそ、プラスな方向もある」

「手軽に書きこめることで被害《ひがい》も起こるけれど、手軽に書きこめるから意見も書けるわけで」……。

授業冒頭《ぼうとう》、生徒たちはSNSの匿名性について口々に言い合っていた。神田先生が前回までの授業で言っていた「手軽な加害と深刻な被害《ひがい》」というキーワードに、モヤモヤした思いを抱《かか》えているらしい。

神田先生は、生徒たちの話にウンウンとうなずきながら、切り出した。

「例えば、『アラブの春』って知ってる?」

二〇一一年、中東・北アフリカのアラブ諸国で起きた民主化運動のことだ。長期独裁政権に対し、市民はSNSを駆使《くし》して「ノー」の声を上げた。デモは大きなうねりになり、独裁者は倒《たお》れた。その後はそう単純ではない経緯《けいい》はあるが、SNSが政治を動かすツールになると世界に示した出来事だった。

「政治を変える大きな潮流を作ったのは、SNSだった。もともと民主的でない国で、もしSNS上の書きこみについて厳罰化《げんばつか》していたら、こうした潮流は萎縮《いしゅく》していたかもしれない」と神田先生。一市民の声が、SNSを介《かい》してつながり、大きな社会運動につながることは、国内でも起きていることだ。企業《きぎょう》や学校の内部告発、政治家の不適切な言動や行動、さまざまな業界の性暴力なども、しばしばSNSでの発信に端《たん》を発して、問題が提起されている。

国内の近年の出来事で、思い出されるのは、「#検察庁法改正案に抗議《こうぎ》します」だろう。

二〇二〇年春、当時の首相《しゅしょう》、安倍晋三《あべしんぞう》氏に近い人物に利する検察庁人事を合法化しようとする法改正案が、SNS上の激しい反発を受けて成立見送りとなった。きっかけは、一人の匿《とく》名《めい》女性のツイートだった。

〈1人でTwitterデモ　#検察庁法改正案に抗議《こうぎ》します　右も左も関係ありません。犯罪が正しく裁かれない国で生きていきたくありません。この法律が通ったら「正義は勝つ」なんてセリフは過去のものになり、刑事《けいじ》ドラマも法廷《ほうてい》ドラマも成立しません。絶対に通さないでください。〉

このツイートにあるハッシュタグ「#検察庁法改正案に抗議します」は、爆発的《ばくはってき》に広がった。小泉今日子《こいずみきょうこ》さんや井浦新《いうらあらた》さんといった俳優やその事務所アカウントなど、著名人の発信も後押《あとお》しし、市民の反対はSNS上で可視化することとなった。当時の新聞はこの現象を「まさに『アリの一穴』だった」と書いた。

SNSには確かに、政治を、社会を動かす光がある。手軽に、自由に、発信できなくなれば、こうした動きは縮んでしまうかもしれない。誰《だれ》もが指一本で発信できるという手軽さが、もたらす力は大きい。

神田先生は、SNSの力を説明した上で、こう続けた。

「もちろん、だからといって、誹謗《ひぼう》中傷で人が傷ついて、人権が侵害《しんがい》されるのは許しがたいよ」。そして、生徒と同様に逡巡《しゅんじゅん》した。「でも、厳罰化《げんばつか》だけが物事を改善させるかは難しい……」

「意味分かんねー」から考える

授業は改めて、課題図書『突然、僕は殺人犯にされた』に戻《もど》った。

本では、スマイリーキクチさんが「凄惨《せいさん》な事件の加害者」だというデマを信じる「加害者」たちが、「許せない」という「正義感」からスマイリーキクチさんへの中傷を加速させる様子が描《えが》かれる。「誰《だれ》もが知っている凄惨な事件の犯人が芸能人になってテレビに出ている、許しがたい……そういう思いが、『正義感を行使している』という高揚感《こうようかん》につながっていったわけだ」。神田先生は本の内容を振《ふ》り返《かえ》りつつ、こう投げかけた。

「正義感の行使は、中傷事件にどのように作用しているのだろうか？」

静まる生徒を前に、神田先生はさらに、二時間目の授業で伝えた、最近の報道内容を再びスクリーンに映した。

〈木村花さんの母を侮辱《ぶじょく》疑いで40代男性を書類送検〉

〈北海道・旭川で遺体で発見された女子中学生の〝いじめ調査〟が続く中、遺族に対する誹謗《ひぼう》中傷が相次ぐ〉

いずれも遺族にまで中傷が起きている状況《じょうきょう》を伝える報道だ。

「この記事を紹介《しょうかい》したとき、『意味分かんねー』って声が上がったよね」

神田先生が二時間目を振《ふ》り返《かえ》りながら言う。

確かにその声は、あった。

「『意味分かんねー』って、その気持ちは分かる。意味分かんないよ。でも、『意味分かんねー』っていうのは、微妙《びみょう》な恐《おそ》ろしさを抱《かか》えていると思う。これが『意味分からない中傷』なら、『意味分かる中傷』もあるの？　『意味分かる中傷』っていったい何？　そういう話になる」

黙《だま》りこむ生徒たち。私も思考をめぐらせ、やっとたどり着いた。ああ、神田先生は、悲しむ遺族を攻撃《こうげき》してさらに苦しめるようなものが「意味分からない中傷」で、事件の加害者だと思った相手をたたくのを「意味分かる中傷」と感じるのだとしたら、後者の中傷に対しては、無意識に許容するような心が潜《ひそ》んでいるのでは——と投げかけているのだ。正義感が自分とシンクロするかどうかが鍵《かぎ》となってくる。

神田先生は続けた。

「正義を行使している感じ。これがくせものなんだよ。そもそも『正義って何？』ということから始めよう」

「正義っぽい」って何？

「凄惨《せいさん》な事件の加害者や、いじめに加担したヤツは許せない……これはなぜ『正義』っぽく感じるの？　人はどのようなものを『正義』と感じるの？」

神田先生の問いかけに、一人の手が挙がった。

「自分にとって都合がよいもの」

神田先生はうなずきながら、たたみかける。

「都合って何？　良《い》い視点だと思う。自分の都合とは？　もうちょっと考えて。がんばれ」

別の生徒たちも声を上げた。

「人々が恐《おそ》れているものに対して立ち向かう。大きなイメージでは、テロとか。人々っていうか、自分たちが、かな」

「世の中的に罪とされる殺しとかイジメとかに対して、罰《ばつ》をくだすのが正義」

「自分の欲望を満たすもの」

神田先生は総括《そうかつ》することなく言う。「辞書を見てみよう」とスクリーンにこのように映した。


〈【正義】正しい道理。人間行為《こうい》の正しさ。【正しい】道理や法にかなって、誤りがない。【良い】物事が他よりまさった状態にある。〉

「君たちが意見を出し合って、辞書を作ったほうがいいぐらいかも。辞書の定義も、堂々めぐりになっていますね」

神田先生は苦笑《くしょう》しながら、「僕《ぼく》はこう考えてみました」と、今度は自分の考えを映した。

〈自分の安全・健康・幸福や、自分の所属する集団の安全・維持《いじ》・発展に資すると感じるものを、その個人・集団にとって、「正しい」「良い」と感じる。一方、それらを阻害《そがい》すると感じるものを、「正しくない」「悪い」と感じる。〉

三時間目の授業で出したマズローの欲求五段階説を再び示しながら、神田先生は自身の考えを説明する。「そもそも人間は自分に危険なものや、了解《りょうかい》できないものを排除《はいじょ》して生き残ってきているわけだ。だから、凄惨《せいさん》ないじめに関わった人は追いやりたくなるんじゃないか。極端《きょくたん》に言えば、やっつけたくなる。正義感っていうのは、そういう感覚と結び付いていると思う」

「だから……」と続けた。

「欲求五段階のピラミッドのうち、最上段の自己実現欲求の実現に見えて、実は、ピラミッドの底辺の部分（生理的欲求や安全欲求）から関わっているんじゃないかな。それだけに、正義を行使したという感覚は非常に厄介《やっかい》だと思うんです」

神田先生はさらに考える材料を読み上げた。

ジャーナリストの江川紹子《えがわしょうこ》さんによる、『突然、僕は殺人犯にされた』の「解説」だ。

匿名《とくめい》で自分が守られている環境《かんきょう》では気が大きくなるのか、遠慮《えんりょ》もためらいもなく、他人に対して激しい言葉を投げつけたり、相手を袈裟懸《けさが》けに切り捨てるようなきつい物言いが横行しやすい。

本人は、悪を成敗してやるという、ある種の正義感のつもりかもしれない。「善意」や「正義感」は、悪意よりも歯止めがかかりにくく、過剰《かじょう》になりやすい。そのうえ「悪意はなかったから」との自己弁護が先に立って、自分が加害者であるという意識が希薄《きはく》だ。なので、自分が与《あた》えた被害《ひがい》についての想像力は働かず、反省する気持ちにもならない。「自分がねつ造した話ではなく、本やネットで流れている情報。なのになんで自分が責められるのか」と被害者意識すら抱《いだ》きかねない。だからだろう、キクチさんの事件でも、警察が特定した加害者のうち、誰一人《だれひとり》としてキクチさんに謝罪しなかった。

この本が江川さんの解説を添《そ》えて文庫版となったのは、二〇一四年である。ネット上の誹《ひ》謗《ぼう》中傷についての問題意識は二〇二〇年代とは雲泥《うんでい》の差《さ》であったであろう当時に、時代を貫《つらぬ》く人間の弱さを指摘《してき》していた。江川さんの確かなまなざしを感じた。

記者になったのは

正義とは何か——。

報道の仕事に携《たずさ》わろうと思ったのは、学生時代、その問いを抱《いだ》いたからだ。

大学のころ入っていたゼミは、「開発経済学」と呼ばれる、いわゆる「発展途上国《とじょうこく》」の貧《ひん》困《こん》や経済発展を考える分野がテーマだった。師・西川潤《にしかわじゅん》教授（故人）は、当時齢《よわい》七十を数えるにもかかわらず、私たちゼミ生をフィリピンやインドの集落へ連れて回った。

赴《おもむ》いた先は、日本が関わった開発の現場だった。ダム、道路……ODA（先進国が、発展途上国の経済発展や福祉《ふくし》のために援助《えんじょ》・出資する「政府開発援助」）によって、インフラ整備された集落を訪ね歩いた。

時に泊《と》めてもらいながら、薄暗《うすぐら》い民家で住人が話すことは、日本政府や日本の商社がパンフレットなどでうたう「バラ色の発展」ではなかった。ダム開発の誘致《ゆうち》をめぐり賛否が分かれ、分断した集落。派閥間《はばつかん》の対立は殺人も起きかねない事態になっていた。整備された幹線道路近くのスラムでは、デング熱の感染《かんせん》拡大で死者が出ていた。「道路を作るよりこのスラムを救ってほしい。日本人にこの集落のことを伝えてほしい」。住人は、立ち寄っただけの若い私たちに、眉間《みけん》に深いシワを寄せて迫《せま》ってきた。

「途上国《とじょうこく》を支援《しえん》する」という、表面的には「正義」のように語られる言葉の裏には、声なき声が無数にある。それは、現場に行かないと、分からない。

ODAに関わる日本の人々にも、さまざまな葛藤《かっとう》もあっただろう。「公共の利益」を考えれば、伴《ともな》う犠牲《ぎせい》があるという見方もある。今なら、そうも思う。ただ、当時の私は、日本では「正義」であるかのようにうたわれる「途上国の援助」「開発」という名目に、言いようのない怒《いか》りを覚えた。

いろんな現場に行って、自分の目で見て、何が起きているか知りたい。現場で起きている「建て前」「正しさ」の裏側を見て、聞いて、「本当の正義」にたどり着きたい。それを伝え、人の役に立ちたい。そんなふうに思って、報道の世界を目指そうと思った。

そして、私は記者になった。私は「本当の正義」の何が分かっただろうか。

正論は暴走する

ここで、一枚の写真が映し出された。

どこかの公園。蛇口《じゃぐち》が折り曲げられた水道と、男子学生の後ろ姿――。神田先生が、蛇口を曲げて遊ぶ中学生だと説明する。

「いけないじゃん」

生徒たちがザワザワと笑う。

「いけないよ」

神田先生は「でも」と言い、この写真がネット上で拡散したものだと伝えた。

「この中学生は、〝祭り〟化した正義によって、ネット上で特定され、実名がさらされ続けたんだ。その結果、永遠に『デジタルタトゥー（入《い》れ墨《ずみ》）』が残り続けている。もちろんやっちゃいけないいたずらだ。許しがたいと思う人は、当然いるでしょう。だけど、永遠に

「ハゲワシと少女」ケビン・カーター撮影

責めを負うほどのことだったのか」

生徒たちは静まりかえった。

次に映し出されたのは、アフリカ・スーダンで撮影《さつえい》された一枚の写真。

痩《や》せ細《ほそ》りうずくまる少女と、その少女を狙《ねら》うようなハゲワシが写っている。いわゆる「ハゲワシと少女」だ。撮影したカメラマンは、深刻な飢餓《きが》を伝えたとして、ジャーナリズム界の栄誉《えいよ》とされるピュリツァー賞を受賞した。だが、「写真撮影より少女を救うべきだった」という非難が殺到《さっとう》した。

ここまで神田先生が説明したところで、ある生徒が言った。

「まあ、そうなるよね」

しかし、神田先生の次の言葉で生徒たちはまたシンとした。

「その後、多大な批判にさらされたこのカメラマンは、自殺してしまった。批判が直接的な要因かどうかは分からないが」

先生の言葉は続く。

「悲惨《ひさん》な状況《じょうきょう》を伝えようと危険な現地に入り写真を撮《と》る行為《こうい》と、ニューヨークの安全な所でピザでも食べながら『なんだこれは！　許せん』と抗議《こうぎ》することと……どっちが正義なんだろうか。どう考える？　難しい。一筋縄では行かない。ただ、正論が暴走してカメラマンを追《お》い詰《つ》める環境《かんきょう》があった。その正論が本当に正しいかは難しい……」

神田先生は生徒たちとグルグル思考しながら、このような例をスクリーンに映した。

「A君は嘘《うそ》をつきました」

「それはよくないね」

「嘘つきは泥棒《どろぼう》の始まりです！」

「反省してもらおう」

「クラス全員に謝《あやま》ってもらおう」

「A君は秩序《ちつじょ》を乱すから、もう仲間には入れない」

「A君をこらしめよう」

「A君には学校をやめてもらおう」


「どこらへんから危なくなると思う?」

と神田先生。

生徒たちはザワつきながら、口々に言い合う。

「『クラス全員に』、あたりからだろ」

という声がちらほら。

神田先生は、ここでも「正解」は示さない。

「一見『正論』にみえるものが、いつの間にか暴走し始めるワナはあると思う。その怒濤《どとう》の潮流に自分が入ったときに、『あれ!?』と思えるか。同調圧力もあり、難しいこともあるけれど、とても大事なことだ。でも、どうしたらいいんだろうね」

神田先生は「いろいろ考えてみよう」と繰《く》り返《かえ》し、生徒たちに語りかけた。

「まずは知ることだ。他人事《ひとごと》感覚ではなく、『俺《おれ》もやっちゃうんじゃないかな』と知ること。『正論は暴走しかねない』と知ること。そして、考える。なぜ暴走してしまうのか考える。さっきみてきたとおり、人間は、自分たちに迷惑《めいわく》をかけるものを排除《はいじょ》したくなってしまうものだと思う。ネットは人のそういう欲望を加速させる装置だと知り、その暴力性を乗《の》り越《こ》える知性、感性を持たないといけない。善悪二元論ですぐに割り切ってはいけない。知ることと考えることしかないんだ」

そして私は……

神田先生の言葉に、私は記者になってきて歩いた現場、出会ってきた人たちを重ねた。さまざまな事件事故の現場、そして震災被災地《しんさいひさいち》……。走馬灯のように脳裏《のうり》をよぎる現場の中で、早送りのビデオで再生ボタンがふいに押《お》されたかのように、ありありとよみがえるものがある。

その一つが、神奈川県相模原市《さがみはらし》の障害者施設《しせつ》「津久井《つくい》やまゆり園《えん》」だ。

二〇一六年七月二十六日未明、やまゆり園に男が侵入《しんにゅう》し、入所者十九人を刃物《はもの》で殺害した。戦後最悪とも言われるこの事件が起きた当時、私は事件を担当する横浜《よこはま》支局の記者だった。事件直後、私は娘《むすめ》が小さかったこともあり、現場近くに泊《と》まりこむなどして取材することはできなかった。担《にな》ったのは、施設《しせつ》再生議論の取材だった。

やまゆり園は、最重度の障害者も受け入れる神奈川県立の入所施設だった。園内部で事件の現場となったエリアは広範囲《こうはんい》におよび、神奈川県は建《た》て替《か》えを決める。どのような施設を再建するかの議論は、季節がめぐる中、長い時間をかけて繰《く》り広《ひろ》げられた。

神奈川県は建て替えを決めた当初、元の規模とほぼ同じ百五十人規模の大規模入所施設を再建する構想を打ち出した。これに対し、障害者団体などから「管理された入所生活が長期におよぶと社会との隔絶《かくぜつ》につながる」と批判的な意見が相次いだ。一方、園に子どもが入所する家族からは「(施設は)やっとたどり着いた場所だ。元のような施設に戻《もど》してほしい」という声が寄せられた。

「親亡《な》き後」を心配して大規模施設の必要性を訴《うった》える人と、地域のグループホームなどでの暮らしを支持する人と。「施設か地域か」という議論はやがて、「地域」に寄った論調になっていく。神奈川県は最終的には、施設を小規模・分散化し、少人数のグループホームなどを利用して街中で自立して暮らす「地域移行」の促進《そくしん》を決めた。

私は、この方針が決まったときの新聞記事の解説で、冒頭《ぼうとう》に「『大規模入所施設《しせつ》から地域へ』という障害者福祉《ふくし》の理念を打ち出し、世界的な潮流を踏襲《とうしゅう》したといえる」と書いている。鍵《かぎ》の開け閉めも制限され、入所期間は平均約二十年におよぶ大規模施設より、最重度の障害であっても地域で暮らせたら……そう願いながら書いた。

ただ、「他人事《ひとごと》」だった。

それがズシンと心にくる現場は、いつもふいに訪《おとず》れた。

気づかされた目線

あるとき、やまゆり園に入所する二十代男性と、その父、母と私の四人で、動物園に出かけた。

「施設で管理され自由がきかない生活より、地域で人間らしい暮らしを」と願う父と母は、息子《むすこ》を毎週末、外に連れ出していた。どんなふうにその時間を過ごしているのか知りたくて、同行させてもらった。

男性、その父、母と一緒《いっしょ》に動物園を歩く。その動物園は、動物たちが自然の中で過ごせるような広々とした造りが売りの、広い園だった。男性は、言葉を話すという手段でコミュニケーションがとれなかった。興味の赴《おもむ》くまま、動物たちがいるほうへ走り出す。そのたびに、父と母は、笑い合いながら追いかけた。

私も男性を追って走り回りながら、初めて感じたものがあった。周りの目線だ。男性が動物の檻《おり》に近づくと、小さい子どもを連れた親たちがサッとひく。おびえたような目を、こちらに向けながら。男性が何をするわけではないが、決して小柄《こがら》ではない彼《かれ》が走ってくると、驚《おどろ》くのは分かる。ただ、とても異質なものを見る目に感じられた。

そこで初めて気づく。私も、おびえた目で小さな子の手を引く、そちら側にいたということを。

「最重度の障害があっても、地域で暮らせる社会を」

そう考え、記事も書いてきた。ただ……。動物園を出る前、男性とともにソフトクリームを食べながら、考えた。どこか自分が暮らす世界とは、別の世界で実現することのように、思っていたのではないか。

胸が苦しくなったのは

この思いを、さらに強くしたのは、現場となった「やまゆり園」に入ったときだった。

事件から約一年。再建議論は続き、建て替《たか》え後《ご》の暮らしの具体像は描《えが》かれないまま、神奈川県は取《と》り壊《こわ》しを前に園内を報道陣《ほうどうじん》に公開した。事件の現場に立つことができる、最初で最後の機会だった。

山あいの深い緑に囲まれた、約三万平方メートルの広大な敷地《しきち》に、園は建っていた。その日は夏の始まりを告げるような青空と白い雲で、ひときわ緑が鮮《あざ》やかに見えた。私は、神奈川県職員の案内を受けながら、事件直後から取材を続けてきた同僚《どうりょう》記者らとともに、園内部に足を踏《ふ》み入《い》れた。

事件後も園に残っていた入所者は、その数ヵ月前までに県内の別施設《べっしせつ》に移住し、すでに誰《だれ》も暮らしていない。死刑《しけい》判決を受けた元職員の男性は、窓ガラスを割って部屋に侵入《しんにゅう》し、寝《ね》ていた入所者を次々と刃物《はもの》で刺《さ》して殺害していったとされる。そうした園内はすべて専門業者によって清掃《せいそう》が施《ほどこ》され、血痕《けっこん》など事件の痕跡《こんせき》はなくなっていた。

それでも、私は長い廊下《ろうか》の側面に居室がならぶ、圧迫感《あっぱくかん》がある古い病院のような園内に入ったとき、うめき声が聞こえるような気がした。

被害者《ひがいしゃ》が出た居室。日当たりの良《い》い約十二平方メートルほどの室内に入ると、窓の外には緑が見えた。のどかな景色とは裏腹に、私は、壁《かべ》が迫《せま》ってくるような形容しがたい恐怖感《きょうふかん》に、足が震《ふる》えそうになった。

クローゼットに「ズボン」「下着」と分類したプレートが張り付けられた部屋もあれば、窓にディズニープリンセスのシールが残る部屋もあった。そうした小さな跡《あと》が、事件当日まで、そこに「日常」があったことを感じさせた。

山あいにポッと出現する大規模施設《しせつ》。のどかな風景と残虐《ざんぎゃく》な事件の落差。この違和感《いわかん》は何だろう。悲惨《ひさん》な事件が起きた場、それだけではない。自問自答し、思い至った。私は、事件がなければ知らなかった施設の存在が、ショックだったのだ。自分が自由を享受《きょうじゅ》して街中でのびのびと暮らしている数十年の間、あの施設の内部で完結するような暮らしを、続けている人たちがいた。それがショックだったのだと思う。

施設での暮らしを、「イコール不幸」だとは思わない。取材を通し、「施設で医療的《いりょうてき》にも充《じゅう》実《じっ》した支援《しえん》を受けながら、穏《おだ》やかな日々を積み重ねてきた」と話す入所者家族が何人もいた。涙《なみだ》を流しながら、そう語る被害者《ひがいしゃ》家族もいた。山あいであろうと、地域住民とのつながりがあったことも知った。

それでもショックだったのは、「街中での自由な暮らし」を楽しむ私の目線からか。そうではない、という感覚がある。やはり、重い障害がある人々を、社会が大規模施設《しせつ》に追いやった先の事件だったのだ。その圧倒的《あっとうてき》な不公平に、胸が苦しくなったのだ。

神田先生が言うように、「正論」「正義」は絶対ではない。

私がこうした現場で感じたように、いつも複層的で、個々の事案はどこかでつながっている。自分自身の暮らしと地続きだという気づきは、時に居心地《いごこち》も悪い。ただ、だからといって、正論や正義を掲《かか》げるのをためらったり、萎縮《いしゅく》したりするのは違《ちが》う。必要なのは、議論ができる土台だ。多様な意見が言えて、建設的な方向につなげていける社会だろう。そのために、報道機関にできることは、まだまだある。

神田先生の言葉を、私はこうして自分に引きつけて考えた。

東京五輪開会式騒動《そうどう》　君なら？

一連の授業が始まる前の夏、職員室で神田先生と取材の打ち合わせをしたことは、前述したとおりだ。神田先生が繰《く》り返《かえ》していた言葉を、ここでもう一回振《ふ》り返《かえ》りたい。

「直感的な違和感《いわかん》」

神田先生が言うには、差別や中傷といった人の尊厳を損《そこ》なう言葉に対して、感覚的に「嫌《いや》だ」と思うような「体感」のことだという。授業を通して「腹のあたりからずっしりくる感じ」で、この感覚を生徒たちに伝えたいというのだ。

この日の授業時間が残り十分余りとなったところ、神田先生は「補足として……」と話し始めた。この十分間の「補足」で、私は神田先生の言っていた「体感」の意味を知ることになった。

「最近の出来事から、いろいろ考えてみよう」と神田先生が投げかけたのは、その年の夏の東京二〇二〇オリンピック・パラリンピック競技大会開会前に起きた騒動だった。開会式で楽曲担当だったミュージシャンは、同級生をいじめていたとする過去のインタビュー記事が問題視され、担当の辞任を申し出た。同じく開会式の演出担当だった演出家は、過去に自身が演じたコントに批判が集まり、解任された。

ネット上に残るのは、こんなコントだ。

工作をテーマにした教育番組のパロディ。二人で番組の企画《きかく》を考えるという設定で、演出家は「野球」をテーマに、「遊んで学べるものを作ろう」と提案する役を演じる。

演出家　「今までだったらね、新聞紙丸めたバット、ところが今回は、ここに『バット』という字を書くんだ。今までだったらね、ただ丸めた紙の球、ここに『球』っていう字を書くの」「スタンドを埋め尽《う》くす観衆《つ》、これは人の形に切った紙とかでいいと思うんだけど、ここに『人』っていう字を書くんだ。つまり、文字で構成された野球場を作るってのはどうだろう」

相方　「あー、いいんじゃない。ちょっとやってみようか。ちょうど、こういう人の形に切った紙がいっぱいあるから」

演出家　「あー、あの『ユダヤ人大量惨殺《ざんさつ》ごっこ』やろうって言ったときのな」

相方　「そうそうそう」

二人はその後、「(プロデューサーが) 怒《おこ》ってたなあ」「放送できるかってな」と掛《か》け合《あ》いをする。会場からの笑い声がわく——。

この過去のコントが表面化してすぐ、東京オリンピック・パラリンピック組織委員会は演出家の解任を決めた。ユダヤ人大量虐殺《ぎゃくさつ》（ホロコースト）をコントで揶揄《やゆ》していたことが理由だった。

神田先生が伝える。

「君たちは、生身で分かる『いじめ』はやらないと思っている。でも、(ホロコーストを揶揄するといった) 一言の過《あやま》ちはやってしまうと思わない？」

生徒たちが応える。

「一言だけだったら、あり得る」

「自分の言葉の中にそういう表現が入らないとは言い切れない」

神田先生は生徒たちを見つめながら、話しかけた。

「僕《ぼく》は間違《まちが》いなくホロコーストを揶揄するようなことは言わない。でも君たちは言っちゃうかもしれない。なんで？」

「虐殺《ぎゃくさつ》された人の身内だったら言えないかもしれない」

「他人事《ひとごと》……」

生徒たちがつぶやいた。

神田先生が応える。

「そう、他人事で、知らないんだよ。例えば広島原爆《げんばく》で亡《な》くなった人たちのことは、国内の話で君たちも知識があるだろうし、からかったりはしないだろう」

次の瞬間《しゅんかん》、神田先生がスクリーンに映し出したのは、積み上がった遺体を写した白黒写真だった。アラン・レネ監督《かんとく》がホロコーストを記録した映画「夜《よる》と霧《きり》」のワンシーンだった。

生徒たちが息をのむのが分かった。私も息をのんだ。遺体が全裸《ぜんら》の状態で、投げ出された足こそ分かるが、どこに顔があるのか分からないほど、まるで砂袋《すなぶくろ》でも積み上げるように無造作に折り重なった写真だった。

「ホロコーストの犠牲者《ぎせいしゃ》は六百万人とも言われている。膨大《ぼうだい》な数字だけど、それだけでは被害の大きさは本当には分からない。例えばこういう写真を一枚見ていたら、からかうようなことは言えないんじゃないかな。どのくらいの人が亡《な》くなったのか、どういうことが起きたのか、体感的に知っていたら、出来事が直感的にあまりにおぞましくてからかうことなんてできない」

神田先生は続けた。

「とにかく生身で知る。腹のあたりで知って、感じて、直感的に人権侵害は『嫌《いや》だ』、中傷は『嫌だ』と思えるようになってほしい。言葉は、一言は、すぐ出ちゃうから」

人は言葉とともに生きていく。ネット上でも、リアルな世界でも同じだ。「一言」の先にいる人を想像できるか。そのために、知ること、考えることはたくさんある。

何を言ってもいいの？——五時間目

授業はあと二回。残されたテーマは何か。読者の皆《みな》さんは、もうお気づきかもしれない。そう、「表現の自由」だ。

課題図書『突然、僕は殺人犯にされた』では、スマイリーキクチさんがネット上の掲示板《けいじばん》に書きこまれた中傷を削除《さくじょ》するよう、掲示板の管理者に求めた経緯《けいい》が記されている。スマイリーキクチさんは必死の思いで「殺人関与《かんよ》」という根も葉もないデマを消すよう求めるが、管理者からはこう返答があったという。

「事実無根を証明しなければ削除《さくじょ》には応じない」

十月八日の五時間目の授業は、まずこの言葉から。神田先生が生徒たちに投げかける。

「この考えについて、どう思う？」

教室から次々に声が上がった。

「書かれた側に証明を要求しているけれど、書く側に情報の根拠《こんきょ》を求めるべきではないか」

『悪魔《あくま》の証明』という言葉があるけれど、証明なんてできない」

「悪魔の証明」とは、例えば、「宇宙人なんていない」ということを証明するためには、全宇宙の生命体を調査しなければ、事実にたどり着けない——という論理で、証明することが難しかったり、ほとんど不可能だったりする事象を意味する表現だ。

「管理者の独裁にならないように、このルールは必要なんじゃないか」

「中傷かどうか分からない微妙《びみょう》なラインのものを消しちゃったら、自由な書きこみはできなくなる」

生徒たちの意見は、被害者側《ひがいしゃがわ》にも加害者側にも偏《かたよ》らず、率直《そっちょく》だった。

「難しいね。難しい……」

神田先生はひたすら「難しい」と繰《く》り返《かえ》しながら、一枚の紙を配った。

「表現の自由」をめぐる国内外の四つの文章が書かれている。

〈日本国憲法第二十一条　集会、結社及《およ》び言論、出版その他一切《いっさい》の表現の自由は、これを保障する〉

〈「真理と虚偽《きょぎ》とを組み打ちさせよ。自由な公開の勝負で真理が負けたためしを誰《だれ》が知るか」イングランドの詩人、ジョン・ミルトン（1644年）〉

〈「私はあなたの意見には反対だ、だがあなたがそれを主張する権利は命をかけて守る」フランスの哲学者《てつがくしゃ》、ヴォルテール〉（注　ヴォルテール自身の言葉ではなく、その姿勢について述べた伝記作家の言葉という説もある）

〈「すべて人は、意見及び表現の自由に対する権利を有する。この権利は、干渉《かんしょう》を受けることなく自己の意見をもつ自由並びにあらゆる手段により、また、国境を越《こ》えると否とにかかわりなく、情報及《およ》び思想を求め、受け、及び伝える自由を含《ふく》む」パリでの国連総会で採択《さいたく》された世界人権宣言第19条（1948年）〉

神田先生の一連の授業は、考えさせる材料が本当に多い。

正解はない、とにかく考えろ！

そんなメッセージが授業全体に貫《つらぬ》かれ、とにかくいろんな方向からボールがポンポンと生徒たちに投げられる。

文章を読みながら、私も思いをはせた。

「表現の自由」は当たり前にあるものではなく、世界の人々が獲得《かくとく》してきた権利なのだなぁ

……とそのとき、

「じゃあ何でも言っていいの？」

という神田先生の声。

「脅迫《きょうはく》とかはダメでは」

とある生徒。

神田先生が応える。

「なるほど。犯罪になるものはダメだよね」

「公共の福祉《ふくし》に反するもの」

という声も上がった。

「なるほど」と神田先生。

「法律といえば」と続けた。

「海外には、『ナチスの犯罪』を『否定もしくは矮小化《わいしょうか》』した者に対し、刑事罰《けいじばつ》が適用される国もある」

例えばフランス。一九九〇年に制定された「人種差別、反ユダヤ主義その他の排外《はいがい》主義的行為《こうい》を抑制《よくせい》するための法律」は、「ホロコーストの否定」を罪とする。

「えー」というざわめき。

「知らないことが罪なんだ……」

そんな反応もあった。

次いで、神田先生は、国内でも、二〇一六年には特定の人種や民族への差別をあおることを解消するためのヘイトスピーチ対策法が施行《しこう》されたことや、名誉毀損罪《めいよきそんざい》や侮辱罪《ぶじょくざい》といった刑事罰《けいじばつ》が定められた法律もあるということを説明した。そして再び投げかける。

「さて、それでは、どんな言論が許されないのか」

なかなか生徒たちの声は上がらない。

「がんばれ。まとめてみよう。どう？　どうよ？」

神田先生が呼《よ》び掛《か》けると、一人の手が挙がった。

「恣意的《しいてき》に他者の尊厳をおとしめるもの」

モヤモヤした思いを伝える生徒もいた。

「本当に思っていることは変えられない。でも、相手のいないところで相手を批判して、しかも相手とは違《ちが》う第三者に分かるように発信するのは気持ち悪い」

この「気持ち悪い」という素直《すなお》な感覚が、私は新鮮《しんせん》に思えた。生身の人と人との付き合いの感覚が、とかくＳＮＳでは薄《うす》れる側面がある。それだけに、この感覚はとても大切なものなんじゃないか。

神田先生はこの発言に反応して、新たな問題提起につなげた。

「確かに、内心の自由はあるよな。内心で思っていることはいい。発信する場所によるのかな。じゃあ日記は？」

すぐ生徒が応える。

「日記はセーフ。公開しなければ公《おおやけ》ではない」

他にも次々と声が上がる。

「ツイッターは公だろ。第三者の目がある」

「『あくまで個人の意見です』といっても、発信している時点で許されないものは許されないよね」

「内容の重さによる。例えば、公権力に反対する発言の中身は、多少厳しいものになるかもしれないけれど、言えなくなったら言論の自由じゃない」

「あくまで許されないのは、『表明する』という行動なんじゃないか。だから、なんていうのかな。他者の尊厳を損《そこ》なう考え方を表明することを禁止している、というか……。ヘイトスピーチをしてはいけないとか、裁かれるのは『行動』自体なんじゃないか」

神田先生が生徒の思いを咀嚼《そしゃく》して言う。

「自分で思う内心の自由はあるものな。価値観は裁かれるべきではないが、行動は裁かれるべきだということか」

「僕《ぼく》も分かりません！」


発想をぶつけ合う議論は続く。

神田先生はさらに投げかけた。

「そもそも許されない、と言うけれど、誰《だれ》が許すの？　許されないってどういうこと？」

生徒たちはボールを打ち返す。

「司法によって」

「人間は一人で生きていない。例えば僕が生きられるのは、食べ物の確保とかも含《ふく》めて、僕の周りの人がやってくれているから。人は社会で生きている。社会で生きている人間は、社会をよりよく導くべきで、社会をマイナスの方向に導くのは許されない」

神田先生はここでも咀嚼《そしゃく》する。

「社会に許されない、ということか」

生徒はうなずきながら続けた。

「だから『ナチスの犯罪』を虚偽《きょぎ》として発信するのが法律で許されないのは、それが社会にマイナスな効果を発揮すると予測されているからではないのかな」

一方で、別の生徒が言う。

「個人の価値観によって許されないこともある」

生徒たちは懸命《けんめい》に考えを言語化し、発していた。神田先生は総括《そうかつ》せずに言った。

「すごく難しいなって話なの。答えがない」

そして続けた。

「表現の自由はなんのためにあるのか。僕《ぼく》はこう考えてみた」

スクリーンに、このように映し出される。


〈表現の自由↔個人の尊厳・人権の保護〉

神田先生はこの二つの関係について、

「そもそも表現の自由は、個人の人権を守るためにこそあるのではないでしょうか」

と語った。

すると、すぐに生徒から異論が出た。

「まず『表現の自由』があって、その先に『人権の保護』があるんじゃないの。フランス革命とか、表現の自由が保たれたあとに、個人の尊厳とか、人権の保護が生まれたんじゃないか」

神田先生は、

「なるほどね……」

とうなずきながら、否定も総括《そうかつ》もせず、さらに投げかける。

「いいかげんなことを書くのはよくないけれど、推論は書いてもいいはずだ。ではいい加減な推論は書いてもいいのかな？　一方で、確かな事実でも、個人情報は書いてはいけない？　個人情報はすべてダメなのかな？」

公益性を問いたいのだろうなと、私はすぐ思った。

報道の仕事は、その情報は公益性があるか、価値判断する瞬間《しゅんかん》の連続だ。公的機関、例えば警察が「万引き」の逮捕《たいほ》事案を報道向けに発表したとする。それをニュースとして報道するとしたら、何を「ニュース性」とするか。それは、万引きした人の肩書《かたがき》だったり、特異な状況《じょうきょう》だったりする。

もちろん「発表モノ」だけではない。市井《しせい》の人々の活動、インタビュー、事象……。それらを「書いて記事にする」という判断には、常に、「この点にニュースがある」という狙《ねら》いが必要だ。言《い》い換《か》えれば、みんなに知らせるべきことかどうか、という判断だろう。

その判断基準は、「伝える」ことを仕事とする報道機関であっても、決して一律ではない。ケースバイケースだ。

今や報道にかぎらず、あらゆる人が全世界に情報を発信できるツールを手に入れられる。情報の受け手としてだけではなく、発信者としての姿勢を自分ごととして問う教育が必要だ。生徒たちが周囲の友人らと意見を言い合いザワザワし続ける教室で、私はぼんやり考えていた。次の瞬間《しゅんかん》、神田先生がこう言い切った。

「何を書いてよくて、何を書いてはいけないのか、僕《ぼく》も分かりません！」

神田先生は「ただ……」と続けた。

「誹謗《ひぼう》中傷と批判の明快な線引きや、厳罰化《げんばつか》と言論の自由の問題にしても……僕も正解は分からないけれど、発信するときに僕なりのスタンスはある。スタンスは選ぼうと」

問われるのは君

ここでスクリーンに出てきたのが、ある英語の例文だった。

〈Democratic experience requires that individuals should be faced with the challenge (　　) freedom.〉

〈民主主義的な場では、個人は、自由（　　）の挑戦《ちょうせん》に、立ち向かわなければならない〉

（※神田先生による意訳）

かつて開成学園で長く英語の教壇《きょうだん》に立った中原道喜《なかはらみちよし》教諭《きょうゆ》（故人）が、二〇〇三年に出版した参考書『新英文読解法』（聖文新社《せいぶんしんしゃ》）から、神田先生が引用したものという。

「『自由への挑戦』だから、『for』？」

生徒からそんな声も上がったが、答えは違《ちが》う。

神田先生から明かされた空欄《くうらん》の答えは、「of」もしくは「from」だった（原文は「of」）。

「つまり『自由への挑戦《ちょうせん》』ではなく、『自由の挑戦』『自由からの挑戦』なんだ。僕《ぼく》たちは自由の使い手として、自由が挑戦してきている、僕たちが問われている、と。自由だからこそ、書く側が問われる、自由の使い手としての品格が問われる。僕たちが問われるということだよ」

先生の失敗

神田先生はそう言いつつ、ある文章をスクリーンに映し出し、「これは僕自身のことなんだけど……」と切り出した。神田先生の書いた小説のことだ。神田先生が、小説家「榊邦彦」として書いた『100万分《まんぶん》の1の恋人《こいびと》』（新潮社《しんちょうしゃ》）は、ハンチントン病という遺伝性疾《しっ》患《かん》をテーマにした恋愛《れんあい》小説だ。

〈初稿時《しょこうじ》〉と書かれた文章には、こうあった。

場合によっては、キャリア同士が結婚《けっこん》するのを避《さ》けるために、遺伝子スクリーニングを利用する場合もある。（中略）簡単に言えばキャリア同士の結婚を禁ずるということだ。実際、北米に住むドイツ・ポーランド・ロシア系ユダヤ人種の集団では、この方法によって、テイ・サックス病（乳児の頭部が生後、半年以内に異常に拡大し、やがて失明して幼少時に死亡してしまうという重い遺伝病）の出現率を下げることに成功した。

神田先生がこの初稿《しょこう》の段階で、遺伝性疾患《しっかん》の研究者にチェックを求めたところ、「大バツが付いてきた」という。最後の一文「出現率を下げることに成功した」の末尾《まつび》「成功した」という表現に対してだ。遺伝性疾患患者の存在を否定する、もしくは「生命の尊厳」を否定的に捉《とら》えている、とも受け取れるという解釈《かいしゃく》だろう。神田先生は、出版時にはこの部分を「罹患率《りかんりつ》が下がったという」という表現に替《か》えたと説明した。

この小説は私も拝読したが、難病というものに向き合おうという若者たちが、とてもみずみずしく丁寧《ていねい》に、愛情深く描《えが》かれていると感じた。難病の受容という重いテーマを、一言一言に配慮《はいりょ》を行《い》き渡《わた》らせて描いているとも思った。それでも、ほんの一部に「大バツ」な表現が出てしまったということなのだろう。神田先生は、「気をつけて書いたつもりだったんだけどね」と言いつつ、生徒たちの前で自身を省《かえり》みた。

「とんでもない大失態だ。この大バツを見たときは、とても恥《は》ずかしかった。ちょっとした表現に、その人の総合力が出るんだと思う。当時の自分に知識が足りなかったのか、経験が足りなかったのか、思考が足りなかったのか。いずれにしても、初稿時《しょこうじ》にこの言葉が出てしまった。やっぱり、書き手として総合力とか、力不足が出たのだと思う。書くって怖《こわ》いことでもある」


それでも、人は言葉とともに生きていく。授業の終わりが近づき、片付けに入る生徒たちを前に、神田先生は伝えた。

「君たちは研究者になるかもしれないし、政治家になるのかもしれない。そのとき、表現の自由はあるけれど、責任があることを忘れないで。僕《ぼく》に僕なりのスタンスがあるように、君のスタンスを見つけてください」

では、私のスタンスは？

授業が終わり、ＪＲ西日暮里駅のカフェでコーヒーをすすりながら、私は改めて考えていた。私のスタンスは何か。記者としてのスタンスは、もちろんある。小さくても大事な声を届けたい。声にならない声を伝えたい。伝えるべき現状があるのに、伝わっていない声を伝えたい。立ち位置は、より困難な立場である人の側でありたい。何をもって「困難」と判断するのかは個々のケースによるし、突《つ》き詰《つ》めれば最終的には私個人が価値判断をしている。

ただ、それって独りよがりにならないか。そう自問する〝失敗〟は、幾度《いくど》もしてきたように思う。

特に、二〇一一年。東日本大震災《ひがしにほんだいしんさい》。

三月十一日の震災当日以降、二〇一三年三月までの二年間、私は仙台《せんだい》支局に赴任《ふにん》し、被災《ひさい》地《ち》取材を続けた。

震災から間もない二〇一一年五月。新聞紙面で「震災遺児」の特集をすることになった。

その特集面を担当した私は、「遺児探し」に被災地《ひさいち》を歩いた。低地は一面がれきに埋《う》もれた町の、高台にあった学校。避難所《ひなんじょ》になっていた体育館で、私は尋《たず》ねて回った。

「遺児になったお子さんを知りませんか？」

すると、避難所を取り仕切っていた男性にふいに聞かれた。

「自分が恥《は》ずかしいと思わない？」

「なんで探したいの？　なんのために？」

男性は、「悲惨《ひさん》な状況《じょうきょう》」に土足で踏《ふ》みこみ、「悲惨さ」を売りにしようというかのような、私の姿勢を感じたのだと思う。男性ははっきり言ったわけではないが、鋭《するど》いまなざしが、そう言っているように感じた。「被災者を傷つけるな」と言っているようにも感じた。

「困っている状況を伝えたくて……」

私はモゴモゴと言いながら、逃《に》げるように、その場をあとにした。

結果的に、私は何人かの親を亡くした子どもたちに出会い、生きる姿を記事で伝えている。そうした記事には、全国から、心を寄せる反響《はんきょう》もあった。でも、男性の問いに、自分なりのスタンスをもって応えられなかった自分の姿が、心にトゲのように刺《さ》さったままになった。

私はあのとき、現場で起きている悲惨《ひさん》な状況《じょうきょう》を記録し、当事者の言葉を伝え、社会に問題意識を喚起《かんき》する、という役割を説明できなかった。今振《ふ》り返《かえ》れば、それは、その理解も覚悟《かくご》もなかったということだろう。では「今はある」と言えるかというと、言い切れないときもある。現場に赴《おもむ》き、人と出会い、戸惑《とまど》う。その連続だ。

表現者としての自身の失敗談を神田先生が伝えてくれたから、私は自分ごととして考えることができた。生徒たちにとってはどうだったのだろう。私は、この授業を伝えるには、生徒たちがどう受け止めたかが必須《ひっす》なポイントだな、とも思い始めていた。

授業と地続きの事件

十月十三日。約一ヵ月にわたって行われた授業の最終回だ。

この日の冒頭《ぼうとう》、神田先生は動画をスクリーンに映した。授業の二日前のテレビニュースだった。ＴＢＳテレビが報じたそのニュースは、北海道旭川市で女子中学生が凍死《とうし》した状態で見つかったいじめ事件で、事件に全く無関係にもかかわらずネット上で「加害者」に仕立てられた専門学校生の訴《うった》えをレポートしていた。

SNS上で顔写真や住所などの個人情報が一気に拡散され、掲示板《けいじばん》やツイッター上には、「ボコボコにして土下座させる動画撮《と》りたいんだけどさ、どこに隠《かく》れてんのこいつら?」「警察も交えて、徹底的《てっていてき》に貴方《あなた》を潰《つぶ》しますので覚悟《かくご》してくださいね」などの書きこみ。

専門学校生は「自分が何をしているか自覚してほしい」と訴えていた。

スマイリーキクチさんの中傷事件と重なるようなデマの広がりだ。

神田先生が「悲しいぐらいに、ネット中傷の事件は続きますね……」とつぶやく。

生徒たちは食い入るように映像を見つめていた。

これまで授業で考えてきた、ネットというツールの性質、人間の欲求、表現することの自由と責任といった一切《いっさい》のテーマを、内包する事案だった。現実社会と授業が地続きでつながっている。

最後に先生が問うたもの——六時間目

一呼吸置き、この日のテーマへ。神田先生と生徒たちが最後に考えたのは、「人間力」だった。

ＳＮＳの問題から離陸《りりく》し、出来事への立ち向かい方といった人間力に帰結するのは、神田先生からの一つのメッセージのようにも感じた。リアルな社会をたくましく生きてほしい、というメッセージだ。

「最初にみんなが書いてくれた本の感想を改めてみてみると、スマイリーさんについて指摘《してき》する感想がいくつかありました」

神田先生はそう説明しながら、スクリーン上にいくつか感想を映した。

〈もし自分がスマイリーさんと同じような被害《ひがい》に遭《あ》っていたら耐《た》えられなかったと思う。

君)〉

〈ネットで誹謗《ひぼう》中傷を受け続けているのに闘《たたか》い続《つづ》けたスマイリーキクチさんは心が強いと思う。(H君)〉

〈必死に戦い続けるキクチさんはメンタルが強いと感じました。(S君)〉

〈自分の経験を誹謗中傷撲滅《ぼくめつ》のために使うスマイリーキクチさんはすごいと思う。(K君)〉

〈なんとか打開しようと闘い続けたことを尊敬した。(S君)〉

「今回は、『突然、僕は殺人犯にされた』でスマイリーさんが語る姿勢から学べるものを、ネット中傷からちょっと離《はな》れて考えてみよう」

そこから、最終回の終盤《しゅうばん》にして初めて、私が知る〝馴染《なじ》みのある〟現代文の授業スタイル

課題図書を手に授業を受ける生徒

となった。課題となる教材を読みこみ、文章を読解していくという授業だ。

まず、「第一章」を読んでみる。

第一章前半で、スマイリーキクチさんは、ネット上での自身への誹謗《ひぼう》中傷、脅迫《きょうはく》を知り、驚《おどろ》きや戸惑《とまど》いを吐露《とろ》する。

「何だ、こりゃ……」

怒《おこ》るというよりも、こんな言葉しか出てこなかった。

「えっ？　人殺し？　何で？」

あまりにも唐突《とうとつ》すぎる内容

あまりにくだらな過ぎてとりあう気もなかった

僕《ぼく》が殺人犯だと中傷されていたのは、「お笑い芸人」ではなく「少年犯罪」というジャンルに立てられたスレッド（話題名）であることにも戸惑《とまど》いを感じた。

神田先生は、「自分への誹謗《ひぼう》中傷・脅迫《きょうはく》を知ったスマイリーさんは、どのように自分の感情を語っているか？」と問いかけ、「深刻度が増していく感はあるが、『驚《おどろ》き』『戸惑い』『疑問』が中心だよね」と読み解く。「ところが」と続けた。「感情が激する部分がある」

神田先生がスクリーンで赤く囲って示したのは、スマイリーキクチさんが殺人犯に仕立てられた、事件そのものについて、書いた表現だった。

どこまでが真実かはわからない。ただ目を背《そむ》けたくなる書き込《こ》みしかなかった。残虐《ざんぎゃく》な犯行を茶化した文章で、被害《ひがい》に遭《あ》われた方を侮辱《ぶじょく》する内容ばかり。殺人事件をもてあそび、犯行に興味を持つ下衆《げす》の吹《ふ》き溜《だ》まりとしか思えなかった。怒《いか》りもさることながら、こういうことを書き込んで興奮している集団の気色悪さに反吐《へど》が出た。

神田先生はこの部分を読み上げなら、しみじみと語った。

「被害《ひがい》に遭《あ》われた女子高生の方を侮辱《ぶじょく》する書きこみに対しては、怒《いか》りをあらわにしているよね」

「文章はテクニックではなく、人柄《ひとがら》だと思う。他者に対する想像力、共感力、知識、そして経験によって、言葉の扱《あつか》い方《かた》に対する感性、直感力、慎重《しんちょう》さが磨《みが》かれていくのではないかな。スマイリーさんは、表現する者としての姿勢がすごくあたたかいし、深みがあるよね」

「スゴロク」から学ぶ

スマイリーキクチさんのネット中傷事件は、中傷加害者の逮捕《たいほ》にまで発展したが、全員不《ふ》起訴《きそ》となった。スマイリーキクチさんは、無念な気持ちを吐露《とろ》する一方で、こうも記す。

「スゴロク」という章だ。

今回の経験で情報の仕分け方、法律、警察、検察など、たくさんのことを学んだ。疲《つか》れたけれど、経験しないと本質は何もわからない。

ネットで知らない連中にデマを流され中傷された。

でも、ネットでたくさんの方に励《はげ》ましてもらった。

ネットの情報でさんざんな目に遭《あ》った。でも、ネットの情報で救われた。

元お巡《まわ》りさんに煽《あお》られた。でも、現役《げんえき》の警察官の方々が身の潔白を晴らしてくれた。

十年前は「匿名《とくめい》」の身元がわからなかった。でも、今は「実名」と正体がわかった。

面識のない者に恨《うら》まれた。でも、面識のある人たちに支えてもらい、絆《きずな》がより深くなった。

人生はとんとんだと思った。

(中略)

ネットで中傷されていた時も、ネットの事件が表沙汰《おもてざた》になった時も、処分結果を伝えても、僕《ぼく》を信頼《しんらい》してくれる人はまったく変わらない。

人との出会い、環境《かんきょう》、楽しみ方で、人生は大きく左右される。

人に恵《めぐ》まれていると、つくづく感じた。

一人では何もできず、二人三脚《ににんさんきゃく》で始めて、また一人、また一人と、助けてくれる人が増えた。

お世話になった方々に恩返しできるように、その人たちに恥《はじ》をかかせないように歩んでいければ、これから最高の人生が送れると思う。


（『突然、僕は殺人犯にされた』竹書房文庫）


神田先生はこの部分を読み上げながら、プラス思考や、ピンチを乗《の》り越《こ》え人生を歩んでいく力を強調した。

「あれだけの経験をしたのに、『人生はとんとんだ』と結んでいる。『人に恵まれている』とも言っている。リアルな人間関係の中で助けられている。ＳＮＳの問題から、人生への取り組み方や人間関係について……そういうことも考えてみました」

こうして、全六回の授業が終わった。

「どうしても説教モードになっちゃいますね」。授業が終わったあと、生徒がいなくなった教室で、神田先生は後片付けしながら、苦笑いした。最終回の授業は、確かに生徒の発言の機会は少なく、神田先生が諭《さと》すような展開だった。「でも、きょうの『人間力』という部分が、実は一番伝えたいところではあったのです」

神田先生がそう言うのを聞いて、改めて考えた。

「人間力」って何だろう?

私は、それは「自分と他者を信じる力」にあるように思う。逆境で立ち上がることができるかはきっと、「自分はまだいける」「自分は大丈夫《だいじょうぶ》だ」と思えるかによる。ただ、人は一人では生きていけない。他者を信じてともに生きて初めて、自分も信じることができるようになるのではないか。でも、逆境で立ち上がれなければ、「人間力」がないんだろうか。私は記者になってから、取材を通し、SOSが出したくても出せなかった、今も出せない子どもたちの存在を強く感じてきた。例えば、それは親に虐待《ぎゃくたい》されていたり、意思疎通《そつう》できない心身の状況《じょうきょう》だったり、子どもが自ら選ぶことができない環境《かんきょう》に起因していた。そうした自分も他者も信じられない子どもたちが心に浮《う》かぶと、「人間力」とは、やっぱり大人が養う環境を整えてあげるべきものなんだろうなとも思えた。それを担《にな》う大人は、保護者だけではなくて、子どもを取り巻くさまざまな人たちだろう。

開成中の生徒たちもきっと、苦しいときだってある人生を重ねる中で、神田先生のメッセージを思い出すときがくるんじゃないか。それは、「人間力」につながっていくように思った。

増えていくネット中傷被害《ひがい》や厳罰化《げんばつか》議論をリアルタイムで知ることから始まり、ネットという道具や人間の欲求と中傷との結びつき、「正義感」の暴走、さらには「表現の自由」を考えた。最後は「人間力」に考えをめぐらせて授業は終わった。ロジカルでも感情的でもある、答えのない授業。考え続けることに意味があったのだろう。それはそのまま、子どもたちだけではなく、私たち大人にも問われていることなのかもしれない。

私は、ここまで取材させてもらったこの授業を、さあどのように伝えようか、どういう形で伝えようか。頭の中がまとまらないまま、休み時間でワイワイざわめく廊下《ろうか》を歩き、校舎をあとにした。

二章

放課後の教室で——生徒たちとの対話

一連の授業が終わり、一緒《いっしょ》に授業を受けていた中学二年のクラスの生徒たちと、話をしてみたいと思った。生徒たちは私よりもずっと、小さいころからネット環境《かんきょう》が身近にある世代だ。SNSのとらえ方も感覚的な違《ちが》いがあるように思い、授業の受け止めについて「生の声」が聞きたかった。

神田先生は、私の提案を快く受け入れてくれた。日程を調整し、授業から数週間たった二〇二一年十一月、放課後の教室で、三人の生徒が取材に応じてくれた。約一時間半のその取材は、取材という名の「話し合い」に近く、私は時に「うーん」と一緒に考え、時に鋭《するど》い質問に戸惑《とまど》いながら、意見を交《か》わした。最初は少し緊張気味《きんちょうぎみ》に話していた三人だが、次第《しだい》に打ち解けてくれたと思う。その記録は、読者の皆《みな》さんが誹謗《ひぼう》中傷について思考する、何かのヒントになりそうな気がして、一部始終を記載《きさい》したい。

起き続ける被害《ひがい》の恐怖《きょうふ》

宇多川　今回の授業をどう受け止めていますか？

A君　これから我々は、いろんな公《おおやけ》の場で発言していくと思うんですよね。SNSも公だけど、より発言は手軽になっているから、被害も加害も気をつけないと、と思いました。

宇多川　誹謗《ひぼう》中傷の加害者になるかもしれないという感覚を持ちました？

A君　実際の「炎上《えんじょう》」を見ていると、自分は「こんなことしない」と思う。でも、そう思いつつ、人間なのですべて気をつけることはできないし、加害者になり得るというリスクは知っておくべきだなと思いました。

B君　人と人が顔を合わせての近い距離《きょり》での会話なら、すぐに訂正《ていせい》したり謝《あやま》ったりできる。だけど、ひとたびネットで文字におこしてしまうだけで、簡単には言《い》い逃《のが》れできなくなっちゃうな、と思いましたね。人の考え方とかが、ネットによって文字でどんどん具体化してしまう感じがした。

C君　考えながら話して大丈夫《だいじょうぶ》ですか？

宇多川　もちろんです。

C君　なんていうか、学んだことは明確には分からないんですけど……ネット上の匿名《とくめい》での安心感、正義の行使感、欲求とかは、授業でやって学びにはなったけど、以前から考えてはいたことでした。でも、実際に僕《ぼく》は誹謗《ひぼう》中傷を目にしたことがあまりないので、理解は深くなかった。だから、授業でスマイリーさんの事例を知って、僕からしたらそれも新鮮《しんせん》でした。でも、一つの事例だけですべて分かるわけでもないし、やっぱり全然よく分かってないな、というのが授業終わっての感想。

A君　スマイリーさんのことだけではなくて、旭川の事件の話とか、リアルタイムで起きている炎上《えんじょう》は、恐怖《きょうふ》を感じたよね。SNSを使っている身としては。

誹謗中傷　止める方法はないの？

B君　僕らはSNSを使っている世代なのに、僕は授業でスマイリーさんの本を読むまで、スマイリーさんの事件のことは知らなかった。でも、あの事件は僕《ぼく》たちの世代が生まれたころ。その問題が今も続いているってことですよね。誹謗《ひぼう》中傷の問題を止める方法はないのかなと。

A君　ネットではなくて、人の顔が見える状態でも、誹謗中傷と同じような問題って昔から起きていること。例えばいじめの問題とか、ずっと昔からあるでしょ。もっと遡《さかのぼ》って考えても、人類が社会を形成して文明が発達するにしたがって、お互《たが》いに対する憎悪《ぞうお》とかたくさん生まれてくると思う。その憎悪のはけ口として、本人の自覚もなく、人をおとしめるっていうのは、昔からあると思う。ただ、それがネットという形で匿名化《とくめいか》されることで、より暴力的にもなるんじゃないかな。車の運転も、顔が見えないからいきなり人格変わったような運転する人とかも、同じこと。ということで、ネットがあることで、憎悪による被害《ひがい》は深刻化している気がする。憎悪が生まれること自体は仕方ないけれど。それは絶望的なことかもしれないけれど。

C君　僕らみたいな中学生に、誹謗中傷について考えて、ということは意味あると思う。だけど、やっぱりこういう授業受けても学べない人もいると正直思う。赤《あか》ん坊《ぼう》に対して『泣かないで』と言うのと一緒《いっしょ》で。赤ん坊は泣いていてもいいけれど、誹謗中傷の問題はそうじゃないですよね。だから、「やってはいけないこと」と呼《よ》び掛《か》けることは大事だけど、システムというか仕組みで抑制《よくせい》していくのが大事なんじゃないかと思います。その一例として、法整備という方法がより効果的なのでは。

憎悪《ぞうお》はなくならないのか

C君　A君が言っていた「憎悪はなくならない」って話、確かに仕方ないことなのかもしれないけれど、考えたいのは、経済的にも精神的にも身体的にも満たされた人は誹謗《ひぼう》中傷なんかしないと思う。誹謗中傷に至る理由は、満たされないものがあって、その真の理由を改善しなければならないんじゃないか。環境《かんきょう》要因とか承認《しょうにん》欲求を改善することは、直接的には誹謗中傷にくっついていないように見えるけれど、アプローチが大事だと思いました。

A君　何かが満たされれば、さらに上を求めるのではないか。その先に虚無感《きょむかん》があって、結局満たされない。「夢は夢のままが一番いい」という言葉もあるじゃないですか。欲望は尽《つ》きることはないし、「満たされている」って心から思うのは無理なんじゃないかな。僕《ぼく》が生きている間は、そんな感じは訪《おとず》れない気がする。

ツイートは「内心」ではなく「公共」

A君　憲法には「思想の自由」ってあるじゃないですか。ツイッターで一つのことをつぶやくのは、「手の中の出来事」というか、自分の思想の中のことだと思っている人はいると思う。そうではなくて、人の目に触《ふ》れるわけだし、「公共の場」という認識《にんしき》を広めるのは大切なんじゃないかな。そうすれば、少なくとも意図せず軽々しく中傷することはなくなると思う。それがすべての答えじゃないけれど。本当に悪質な人は残り続けていくかもしれないし。でも、「自分の思想の中だから」と思って、自覚のないままに人を傷つけたり、自覚のないうちに社会に悪影響《あくえいきょう》を与《あた》えたりすることは避《さ》けられるのではないかと。

神田先生　なるほど。（スマホを指さして）これは脳の中、内心の自由、と受けとめている人がいるということか。自分だけの手の中のことなのね。

A君　人と話すのであれば、つぶやきは脳内にとどまらないけれど、ツイートは自身の脳内にとどまっている、という感覚の人もいると思うわけです。

「分からない」を分かるには……

宇多川　でも、その「脳内」の感覚を、公《おおやけ》にして認められたいという欲求が出てくる、というのが授業でもやったことですよね。このあたり、SNSが身近な中学生世代の感覚ではどう考えます？　そもそもツイッターとかSNSをやっていますか？

B君　僕《ぼく》はツイッターは全然やっていない。

A君　僕はツイッターは使っています。外国の人とか、会ったことがない人ともつながっています。言葉は内面を表すから、人がつづった文章を見ていると内面が分かってきます。自分もそれを日々発信し、全世界の人が見られる状態というのは、怖《こわ》いな、とも思う。

最近、ツイッターに話すことができる機能が出てきて、それまで文字だけのやり取りだったけれど、人の声としての情報が入ってくる。文字よりは距離感《きょりかん》とか気迫《きはく》も伝わってきて、そうなるとSNSとの付き合い方も変わってくるのでは。

地元の友達は、インスタ使う人が多いですね。開成生はツイッターかな。開成でインスタやっていると、彼女《かのじょ》がいる象徴《しょうちょう》、みたいなイメージになります（笑）。

C君　僕《ぼく》はツイッターとかで誹謗《ひぼう》中傷をする心理がよく分からない。それを分からないことには解決にはつながらないのは分かります。将来の僕たち……と言うと主語が大きすぎるけれど、僕の知っている人たちから中傷する人が出るとは想像できなくて、本当に分からないんですよね。

宇多川　中傷する人のことが「分からない」、その感覚、私も分かります。

B君　中傷する人は、ユーザーのほんの一部だと思う。そういう人たちの気持ち、心理、どういう考えで中傷しているのか、多くの人が理解しないかぎり、防げない気がします。

A君　中傷する人の実感がわかないのと同じで、中傷された人にしか分からないものもあると思う。どうやったら分からないものを、分かるようにするのか……。

C君　僕は授業を通して、「自分も加害者になる可能性はあるかも」と少し思いました。だけど、さっきの「泣き続けている赤ちゃん」の例でいったら、罵詈雑言《ばりぞうごん》を送り続けるような人とは、話をすれば解決するのかどうかも分からないじゃないですか。だってそもそもの倫《りん》理観《りかん》を持っていないから。

A君　倫理観《りんりかん》を持っていても、しちゃうんじゃない？「頭では分かってる」的な話で。

C君　頭で分かっていれば、話し合えば解決する道があると思う。でも、対話できない人もいるし……難しい。

宇多川　「対話できない」と思う人に、どうアプローチしていくかは、報道の世界でも問われていることです。SNSで自分と同じ意見や思想を持つ人ばかりフォローしていれば、自分と似たような発想が行《い》き交《か》います。まるで小部屋の中で音が共鳴し合っているかのようで、この現象は「エコーチェンバー」とも言われますよね。どうやったら、小部屋の外に出てもらえるか。小部屋の外に出て、さまざまな価値観に触《ふ》れることができる報道、触れることに価値があると思える報道にしていけるかが問われていると思います。

A君　日本の人たちは、同じ集団の中で、その中での意見ばかりで物事を考える傾向《けいこう》がある。誹謗《ひぼう》中傷の問題も同じで、「自分とは遠い場所」の問題ととらえている人は多いんじゃないかな。

C君　僕《ぼく》たちから見れば、「過去にこういうことやっていた人がいるけれど、あんまりよくないよね」という話ってあるじゃないですか。例えば……魔女狩《まじょが》りとか。だから、誹謗中傷の話も、未来の人からみたら、そういう話であってほしい。

A君　価値観は変容していくからね。

C君　だから、少なくとも今、僕《ぼく》に求められていることはしようと思うんです。きれい事に聞こえるかもしれないけれど、今回も「授業で学んだな、おしまい」ではなくて、ちょっと自分で考えてみたり、調べたりしないと、自分は変わっていかないと思う。

議論することに価値がある！

A君　我々の世代って、ひねくれているじゃないですか。身体的にも成長期で。だから、道徳として中傷防止の教育をすることは意味があるとは思うけれど、一方で、それが価値観の押《お》しつけのようにも感じてしまう。「こういうときどうする？　謝《あやま》るよね」と言われても、他国の価値観から見れば違《ちが》うこともある。そこで思うのは、「この価値観が正しいからこれを広めていこう」ではなくて、「多様なものがあるんだよ、だから、その中で配慮《はいりょ》していかなければならないんだよ」ということを教えてくれたほうがいいんじゃないか。

C君　誹謗《ひぼう》中傷という立体的なテーマに対して、それぞれが見ているのは、あくまで側面だと思うんです。でも、例えば問題そのものを丸い球体とイメージしたら、「僕《ぼく》の側からはこれが見える」とみんなが視点を出し合えば、実態っぽいものは見えるのでは。

A君　一つだけいいでしょうか。この場として、一つの結論を出したい。「この問題は難しいね」で、終わるのではなく。

宇多川　ああ、なるほど……。

A君　どうにかしていける能力が、人間にもあるよね、で終わりたいなと。そう考えていくと、報道も含《ふく》めて、どんな情報も、あらゆる側面から伝わってくるものではない。だから、言葉を発信する際は、情報を見比べて、それに対して言っていくべきなのかな。三百六十度から物事を見るのは無理だけど、少なくとも三つか四つぐらいの視点は持っておいたほうがいいかも。でも、すべての物事に対してそんなことをしていたら頭はパンクしてしまう。だから、一つの視点しか持てないものに関しては、表だった発言を出さないとか。

C君　考えることが重要なのは、そのとおりでもあるけれど、次の世代にというか、未来の自分に結論を出すことを投げている気がする。でも、絶対的に正しいと思うことが自分の中で明確なほど、本当にそれでいいのか、結論が出せなくなる……。それ自体は、いいことだと僕は思う。

A君　議論するだけでも価値があるとは思うよね。考えなければ、難しくないし。

「一呼吸」の大切さ

C君　宇多川さんに質問していいですか。記事を書くときに、誹謗《ひぼう》中傷を受けるかもしれないと考えたことはありますか。あと、自分の書いていることが常に事実だと思って記事を書いていますか。それを聞いてみたくて。

宇多川　そうですね……誹謗中傷は、受けるかもしれないと思いながら書いている部分はあります。実際、政権批判をするような記事を続けて書いていた時期は、私の名前を挙げて中傷するようなものもありました。ただ、情報を発信することを仕事にしている報道機関に属しているわけで、発信には多様な受け止めはつきものだし、私の場合はそこまで気にはなりませんでした。

あと、「自分が書いていることが常に事実だと思って記事を書いているか」という点、記者はファクトを追う仕事だけど、ファクトの価値付けは記事に反映されますよね。ファクトだけの記事もあるけれど、記者が価値付けして出す記事もある。回答になっていないですかね……。

C君　そこから考えると、自分は絶対的な真実に触《ふ》れることはできないから、「自分は偏《かたよ》っている」という認識《にんしき》をもって過ごすほうがいいのか。自分が絶対正しいわけではないし、人を傷つけるかもしれない。そう思いながら暮らす生き方もあるかと思います。

B君　議論の一時的な終着点としては、「自分は人を傷つける可能性はあるんだ」と思うと。だから、自分と違《ちが》う意見をもっている人を、意図的に排除《はいじょ》してはならないということか。

A君　自分の価値観に沿って、それから外れる人を正そうという正義感、実際にありますよね。僕《ぼく》も二、三度、電車で男性にからまれたことがある。その人の正義感からの行動に思えた。自分の価値観で「おかしい」と思ったときに、パッと手が出てしまうのは良くないと思う。ネットも同じ。一つのツイートを自分の価値観の定規で測って、「おかしい」と決めつけて反射的に批判する。批判するべきものはするべきだけど、「おかしいかな」ぐらいのものは、反応せずにとどめておくのも大事だと思う。

神田先生　反射的にやってしまうことって、日常生活にあるよね。例えば、僕は舌打ちしないようにしている。でも、イライラするとついやってしまう。作っている資料で打《う》ち間違《まちが》いしたりすると、つい舌打ちしてしまう。自分で「やらない」と決めていても、すごくみっともないことと分かっていても、反射してしまうこともある。これがツイッターだったら……と思いながらみんなの話を聞いていた。

A君　スマホ取り出して、一瞬《いっしゅん》でツイッターを開いて、一瞬でコメントすることになる。

C君　たしかに、無意識でやってしまうことがあるかもしれないというのは分かる。

神田先生　そういうことを知っておくことが大事かなと。

A君　まずは知ることから。神田先生が「感性を育てる」って授業で言ってる、あれですよね。「それって人が見たら不快に思うことはあるよね、傷つけることもあるよね」ということを意識する。善悪二元論は自分の価値観に依存《いぞん》するので、一呼吸置いて、そういうものとは別に考えるのが重要なのかな。人の発言に外から足を踏《ふ》み入《い》れるときには、慎重《しんちょう》にすること。

B君　授業でさらっと最後に出てきた、誹謗《ひぼう》中傷を受けたときの、リアルな人間関係の大事さ、という言葉、僕《ぼく》は「いい言葉だな」と思いました。

今までのような概念的《がいねんてき》な議論は際限なくわいてきて、受け取り方も人それぞれ違《ちが》うけれど、信じ合える人たちの中で、被害《ひがい》の濃度《のうど》を薄《うす》めていくことはできると思う。

A君　被害《ひがい》にフタをしてくれる人がいるのは重要かなと思うよね。リアルな世界でなくても、ネットでつながった人が支えになることもあると思う。スマイリーさんだって、ブログでつながった人に支えられた、とも書いてあった。何かあったときに自分に寄《よ》り添《そ》ってくれる人がいるのが大事なのかな。ネットであろうがリアルであろうが。

神田先生　でも、支えてくれる人がいても、傷つくことがあったとき、コントロールができないほど心が持っていかれてしまうことはあるよね……。話は尽《つ》きないようですが、そろそろ時間かな。

取材後、消したアプリ

取材中、生徒からの「記事で中傷を受けるかもしれないと思いながら書いているか」との問いに対し、私はこう応えている。

「発信には多様な受け止めはつきものだし、記事によって自分が誹謗《ひぼう》中傷を受けることは、そこまで気にはなりません」

私はこのとき、「多様な受け止め」を、論評や批判も含《ふく》むものと考えて、話していたように思う。私が使った「誹謗中傷《ひぼう》」という言葉は、明らかな中傷や暴言を数多く浴びる「誹謗中傷」とは、本当の意味では同じではなかった。同じ地平で、「誹謗中傷」という言葉を使っていなかった。そう思わせる事態は、取材後に起きた。

私が書いたある記事をめぐり、ツイッター上で私の名前は拡散した（この本の執筆《しっぴつ》時点で、記事内容の事案は継続《けいぞく》して推移しており、具体的な内容の説明はこの場では避《さ》けたい）。記事内容をめぐり意見は分かれ、記事とともに所属する新聞社名と私の名前、私がプロフィールに使っている顔写真が、SNS上に拡散した。これまでも同様に顔写真が勝手にネット上に上げられることはあったが、このときほど拡散するのは初めての経験だった。

私のツイッター上のアカウントを「@」マークで引用する形で、攻撃的《こうげきてき》であったり揶揄《やゆ》したりしていると私が受け取れるツイートが次々と書きこまれる。自分のアカウントを引用されれば「通知」される設定になっているため、私のアカウントの「通知」欄《らん》は、瞬《また》く間《ま》にあふれた。

そんな中、あるツイートの中の言葉が頭を離《はな》れなくなった。そのツイートは、私の記事に触《ふ》れ、書いた側を「害虫」と表現していた。

「害虫」という言葉を、なぜ他者に向けられるのか。

怒《いか》りはやがて呆《あき》れと恐怖《きょうふ》にもつながり、私はツイッターのアプリごと、仕事用に使っている社有スマホからも、プライベート用の私有スマホからも削除《さくじょ》した。取材活動でツイッターが必要なときは、パソコンで確認《かくにん》するようにした。

スマホには、まさに神田先生が授業で言っていたように、「暴言を手元に持ち歩く」ことになるキツさがある。アプリを消したのは、手元のスマホに残る暴言が心を侵食《しんしょく》し、リアルな暮らしに影響《えいきょう》をおよぼしかねない危機感を感じたからだ。同時に、親しい人や上司に状況《じょうきょう》を報告した。一人で抱《かか》えこめば、感情的になって対応を誤る可能性もあるし、自分の心も危ないと思った。周囲の人たちは、励《はげ》まし、見守ってくれた。

「難しいね」で終わらせない

これまで書いてきたように、私はネット上の誹謗《ひぼう》中傷について取材を重ねてきた。さまざまな執筆《しっぴつ》記事をめぐり、名前を挙げて揶揄《やゆ》されたりもしてきた。一定の「免疫《めんえき》」はあるつもりだ。報道という仕事は、萎縮《いしゅく》せずに社会課題と向き合う役割があるという覚悟《かくご》のような思いは、そう簡単にぶれない。

それでも、浴びるように悪意が向けられれば、前述したような気持ちになる。これが、突《とっ》如訪《じょおとず》れたらどうか。もっともっと、大量の暴言の渦《うず》の中心に投げこまれたらどうか。周りに相談できる人が、たまたまいなかったら？　アプリを消すといったちょっとした対策を、知らなかったら？　……そうなったとき、気持ちを強くもてない状況《じょうきょう》は、リアルに想像できる気がした。

そうした体験を経て、改めて生徒たちへの取材を振《ふ》り返《かえ》ったとき、私は思いがけずとても力をもらった。

A君、B君、C君の三人は、誹謗《ひぼう》中傷問題の「難しさ」を安易に解釈《かいしゃく》しようとせず、「難しい」ままにした。一方で、解決への糸口を考えようとしていた。

「この問題は難しいね、で終わりたくない」と、A君は言った。「ほんの一部の中傷する人たちの気持ち、心理を多くの人が理解しないかぎり、被害《ひがい》は防げない気がする」とB君は言った。「少なくとも今、僕《ぼく》に求められていることはしようと思う。ちょっと自分で考えてみたり、調べたりしないと」とC君は言った。

三人のように、誹謗中傷という「暴力」を「暴力」ととらえ、被害を生まないために、広げないために、主体的に考える人たちがいる。憎悪《ぞうお》の渦中《かちゅう》にあると、そうした人たちの姿が見えづらくなるかもしれない。でも、確かにいるのだ。

三章

「ネット上の誹謗《ひぼう》中傷について論ぜよ」
——生徒たちの考察から

授業が行われた二〇二一年秋から季節はめぐり、二〇二二年春。私は再び、神田先生に一つのお願いをした。「授業によって生徒が導いた考察を提供してもらえないでしょうか」。二章に記録した三人との対話では、受け止めの一端《いったん》を知ることができた。話してみて、さらに生徒たちが文章として言語化したものが読みたかったし、伝えたかった。誹謗中傷問題を「自分ごと」として考えるきっかけを、とっかかりになるものを、一つでも多く世に出したい。そんな思いもあった。

神田先生にそのような趣旨《しゅし》をメールで伝えると、神田先生は「文集」について教えてくれた。一年間の授業のまとめとして発行した文集は、いくつかの論題からそれぞれ論じたいテーマを選ぶというもの。その中に、「ネット上の誹謗中傷問題について論ぜよ」という論題があったという。ぜひその文章を提供してもらえないか頼《たの》んだところ、神田先生は生徒と保護者に、私の取材の趣旨《しゅし》を丁寧《ていねい》に伝えて意向を確認《かくにん》してくれた。その上で、文章を提供してくれることになった。

平日の昼休み時間。私は再び開成を訪《おとず》れ、職員室に向かった。神田先生は、あらかじめ用意してくれていた文集のコピーを封筒《ふうとう》に入れて、私に手渡《てわた》した。その日のうちに早速《さっそく》読んでみて、誹謗《ひぼう》中傷が起こる背景の分析《ぶんせき》、そして抑止《よくし》に向けた提言の数々に、うなった。授業をきっかけに、生徒たちは自身の頭で問題の所在を考え、打開策を見いだそうと思考をめぐらせている。

ここでは、読者の皆《みな》さんにその一部を紹介《しょうかい》させていただきたい。生徒たちの考察とともに、誹謗中傷問題について、一緒《いっしょ》に考えてみませんか？

キーワード① 「匿名《とくめい》」と「集団」

ネット上の誹謗中傷——その多くは匿名でなされると言っていいだろう。匿名ゆえに、被《ひ》害者側《がいしゃがわ》が法的に加害者側に責任を問おうと思えば、まずはその所在を特定するために大きな負担が強《し》いられる。匿名《とくめい》がいわば隠《かく》れ蓑《みの》になるからこそ、中傷が中傷を呼び、暴言が群がるように集団化するのも特徴《とくちょう》だ。

まずはその観点からの考察を二つ紹介《しょうかい》したい。

▼「匿名」と「集団」が及《およ》ぼす影響《えいきょう》……2組Tさん

（全文）

スマイリーキクチさんは、無関係の殺人事件の共犯として10年間ネット上で誹謗《ひぼう》中傷を受けていた。

そのような誹謗中傷事件が発生した要因のうち、「匿名」と「集団」が及ぼす影響に着目して考えてみたい。

スマイリーキクチさんの本には、「匿名」が自制心を失わせ、「集団」が自尊心を凶暴化《きょうぼうか》させる、とある。では、何故《なぜ》そうなるのか。

1つ目の「匿名」だが、まず表面的には自身の犯行だと特定されにくい。またこれは

「集団」にも関わってくるが、周囲も「匿名《とくめい》」なために実際は数人の繰《く》り返《かえ》し誹謗《ひぼう》中傷を行う集団の中にいる内に、多くの人が自身の行いを肯定《こうてい》しているように感じ、それにより自身の中で誤った正義感が生まれ、自身の行動の善悪を正しく認識《にんしき》できず中傷を続けてしまったりする。

2つ目の「集団」は、前述したように多数が自身を肯定しているように感じることで行動の善悪を認識できなくなり、また自分だけではないから自身は罪に問われない等《など》の勘違《かんちが》いをする。

それがスマイリーキクチさんの本に記されている摘発《てきはつ》を受けた人たちの態度に表れている。具体的には「ネットや本の情報に踊《おど》らされた挙げ句、自分たちの誹謗中傷の責任を偽《にせ》の情報を発信している人に押《お》しつけ、最終的には被害者《ひがいしゃ》意識にすり替《か》わってしまう」となっている。

その要約に当たる言葉を本から抜《ぬ》き出《だ》すと「他人の言葉に責任を押しつける。自分の言葉には責任を持たない」となる。

そして、これが自分は「匿名」と「集団」が増幅《ぞうふく》させる、誹謗中傷をする人の思考が最終的に行きつく先ではないかと考える。

「匿名《とくめい》」だから自分の言葉に責任を持つ必要がないし、そもそも自身の発言だと特定されないと思いこんでいる。また中傷しているのは「集団」だから自身が責任を問われる理由はない。中傷していたのは「集団」だから責任は中傷の直接的な原因を発生させた他人にある。そういう思考になっているのではないか。

ここまでの流れを見ると、誹謗《ひぼう》中傷問題に関しては「匿名」は自身にも悪影響《あくえいきょう》をおよぼすだけではなく、「集団」のできるきっかけになったりしている。しかし、ネット上においてプライバシーや個人情報保護の観点から「匿名」を除くことは実質的に不可能だ。では今、直接的な要因を取り除く以外でどうすればネット上での誹謗中傷を減少させられるのか。

自分がスマイリーキクチさんの本を読んで思った事は、誹謗中傷をしているほとんどの人の思考に、ネットの情報を見てそれが真実だという思いこみがあり、中傷することで日《ひ》頃《ごろ》の鬱憤《うっぷん》を晴らしていたということだ。よって、このような人たちが攻撃性《こうげきせい》のある情報にできるだけ触《ふ》れないようにすればいいのではないかと考える。具体的な対策法としては、攻撃性のある情報を含《ふく》むサイトは検索時《けんさくじ》に優先度を下げるということだ。なぜなら安易にネット上の情報を信じこむような人は、深く検索しないだろうと考えるからだ。中傷などを防ぐには、人々の意識だけでなく、ネットのシステムから改善する必要があると思う。

（おわり）

Tさんが指摘《してき》したのは、「匿名《とくめい》」と「集団」が合わさったときに起きる、「無責任」についてだった。スマイリーキクチさんが中傷加害者について「他人の言葉に責任を押《お》しつける。自分の言葉には責任を持たない」と表現した点に着目し、Tさんは『匿名』と『集団』が増幅《ぞうふく》させる、誹謗《ひぼう》中傷をする人の思考が最終的に行きつく先ではないか」と指摘する。

Tさんがさらに踏《ふ》みこんだのは、誹謗中傷がなくならない背景として、『匿名』が『集団』を形成するきっかけになっている」と言及《げんきゅう》した点だ。匿名による無責任は、「石を投げても大丈夫《だいじょうぶ》」という、いわば「偽《にせ》の安心感」を広げ、集団化していくという指摘だろう。ただ、Tさんは「匿名」をネット上で除くことは実質的に不可能とみる。だからこそ、システムからの改善に目を向ける。

「匿名」と「集団」については、別の生徒の考察にも、「人間側の心理」からさらに分析《ぶんせき》を深めたものもあった（5組Iさん）。個性を持つ個人であればコントロールできている感情が、ネットの匿名性により個性を失い、集団の同調圧力の中で考えがエスカレートすることで、ストッパーが外れたように攻撃的《こうげきてき》になってしまう。そんな状況《じょうきょう》を、心理学的に論じ、ネットを使う誰にでも起こりかねない危険として、自分に引きつけて考えていた。

「常に発信の自由と、他者への誹謗《ひぼう》中傷との狭間《はざま》を歩きながらネットを利用している私たちにとって必要なことは一体何だろうか?」。Iさんがそのように立てた問いに、ハッとした。「狭間を歩いている」という感覚は、自分もいつでも誹謗中傷をする側に足を踏み入れてしまう、という「自分ごと」としての感覚に思えた。はたして私は、「狭間を歩いている」とまでいえる感覚を持っているのだろうか……。

ほかにも、「アカウント」という具体的な仕組みで「匿名性《とくめいせい》」を探求する考察があったので、紹介《しょうかい》したい。

▼ネットの錯覚《さっかく》……………4組Kさん

（全文）

ネットに蔓延《まんえん》する誹謗中傷。蓋《ふた》を開けてみれば、暴言と無縁《むえん》そうな人が加害者だったりする。なぜ現実では穏《おだ》やかな人が、ネットで豹変《ひょうへん》するという事態が起こるのだろう。私は、アカウントという仕組みが人間を錯覚させ、良心を鈍《にぶ》らせてしまうからだと考える。

そこで、アカウントという仕組みが引き起こす錯覚を、自分の中で起こる錯覚と、相手との間で起こる錯覚に分けて論じていこうと思う。

第一に、自分の中で起こる錯覚。それはすなわち、自分と自分の持つアカウントの中で起こる錯覚だ。

ネットでは、個人情報を不用意に明かすのはご法度《はっと》である。そのため、アカウントを作る際には、アカウント名は仮名《かめい》にして、位置情報なども隠《かく》し、プロフィールに現実の自分とつながる部分がないように作成する。そのおかげで、自分自身のプライバシーを守れるのだが、その裏側に、アカウント保持者が自身のプロフィールを見ても、自分だと気づかされることがなくなることがある。

すると、保持者とアカウントの間で乖離《かいり》が発生し、アカウントで発言することを、何かのキャラクターをロールプレイしていることと錯覚《さっかく》してしまう。よって他人を傷つける発言をしたとしても、自分ではなく、このアカウントがしたのだから問題がないという思考になり、違和感《いわかん》が働かなくなってしまう。

第二に、相手との間に起こる錯覚についても考える。具体的には、人がモノのように見えるという錯覚だ。

人であるはずが、識別のためにコードが与《あた》えられ、ネットで検索《けんさく》すれば表示される。管理する会社の都合で、アカウントがそんな特性を持つのは当然だ。

しかし、互《たが》いの目で互いの存在を確認《かくにん》できない状況《じょうきょう》で、与えられているのが、モノである事実であれば、錯覚が起こる。これが、人がモノのように見えるという錯覚である。同じ人間が使っているはずのアカウントがただのモノに見えれば、そもそも傷ついている対象が存在するということ自体が認識《にんしき》できなくなってしまうのだ。

このように、アカウントという仕組みは人を錯覚《さっかく》させ、自分から責任を遠ざけたように見せかけることができてしまう。普段《ふだん》から温厚《おんこう》だったとしても、責任から逃《に》げてしまえば、残酷《ざんこく》になってしまうかもしれないのである。

しかし、いくらアカウントが人を錯覚させたとしても、皆《みな》が皆その錯覚に陥《おちい》ったまま、誹謗《ひぼう》中傷をし始めてしまうのだろうか。私は、そうは考えていない。だが、インターネットは道具である以上に、楽しいものだ。正常な判断ができていれば絶対にしないことでも、少し魔《ま》が差した、眠《ねむ》くて特に考えていなかった、そんなことが重なれば、絶対にないはあり得ない。だが、その可能性を減らすためにも、自分が何かに飲みこまれてしまうことを考え、条件反射的に回避《かいひ》できるようにすべきなのである。（おわり）

確かに、SNSを開けば、アカウントは匿名《とくめい》が多い。素性《すじょう》が分からないアカウントという仕組みが、自分自身も他者も「人間」であることの感覚から乖離《かいり》していく——そんな分析《ぶんせき》は、ツイッターの無責任さを分かりやすく表している。

「人間」であれば働く違和感《いわかん》が、「キャラクター」であるかのようなアカウントになると働かなくなる。アカウントの先にいる「人間」が、「モノのように見えるという錯覚《さっかく》」と表現する。人間をモノ化する社会の行く末を思った。

Kさんの分析《ぶんせき》はそこで終わっていない。「いくらアカウントが人を錯覚させたとしても、皆《みな》が皆その錯覚に陥《おちい》ったまま、誹謗《ひぼう》中傷をし始めてしまうのだろうか」。そう問いを立て、否と答える。ただ、「少し魔《ま》が差した」「眠《ねむ》くて」……などの条件が重なった場合、「絶対にないはあり得ない」とも書く。正直な感覚だろう。「あり得る」と思えるか思えないかで、加害しそうな瞬間《しゅんかん》の行動は分かれるかもしれない。そう思えた。

キーワード②　「承認《しょうにん》欲求」

授業では、人間の欲求と誹謗《ひぼう》中傷の関連を考えてきた。マズローの欲求五段階説に照らし、いかに本能的欲求と誹謗中傷が結び付いているのか学んできた。それを自身の日常に落としこむ考察があった。

▼承認《しょうにん》欲求は何をもたらすのか……………5組Kさん

（全文）

「ネット」の誕生から約50年が過ぎた。しかし、これほどの年月が経《た》っているにもかかわらず、「ネット」の上で行われている誹謗中傷の事件は後を絶たない。「スマイリーキクチさん中傷事件」もその1つだ。

なぜ、未《いま》だに誹謗《ひぼう》中傷が行われるのか。確かに「ネット」にも「道具」としての問題はあるかもしれない。しかし、「人間」にも少なからず「使い手」としての問題があるはずだ。その問題とはなんなのだろうか。それは人間の承認《しょうにん》欲求だろう。ここでは、その人間の本能に触《ふ》れながら、僕《ぼく》ら「使い手」の問題について論じていきたいと思う。

ネットは、人間の中の承認欲求を安易に満たしてくれる「道具」である。わざわざ誹謗中傷を書きこんで、自分に特に利益があるわけではない。だが、誹謗中傷をすれば、同じく誹謗中傷をする「仲間」に帰属し、その「仲間」に自分の行いを肯定《こうてい》され、称賛《しょうさん》される。そしてその承認欲求の「充足感《じゅうそくかん》」を求め、再び誹謗中傷を行うという流れを繰《く》り返《かえ》す。その内容が過激であるほどに、称賛《しょうさん》されたときの声は大きくなっていくため、自分の発言内容はさらに過激になっていく。こうしていつの間にか、この流れから抜《ぬ》け出《だ》せなくなっているのだ。しかし、それはあくまで仮初《かりそ》めの「充足感」である。他者を貶《おとし》めれば、相対的に自分の評価は高くなる。ただ、いくら他者を貶めても、自分の本質は変わらないし、得られる「充足感」は中身のないものになってしまう。

では、承認欲求は人間から取り除くべき欲求なのだろうか。いや、承認欲求は必ずしも人間社会に悪影響《あくえいきょう》を及《およ》ぼすばかりではない。

例えば、最近生徒の中で流行《はや》っている「クイズレット」。これは、もともと教員が単語や文法を覚えやすいように、クイズ形式で学べるようにしたものである。これを生徒は、自分たちでセットを作り、ほとんどの教科に応用し、自習用具として活用している。そして、それをクラスラインに投稿《とうこう》する。わざわざ自分の時間を費《つい》やしてまで作ったものなのに、時間を使っていない他人にまで情報を無条件で公開し、共有しているのだ。これでは圧倒的《あっとうてき》に自分が不利であるにもかかわらず、だ。なぜだろうか。やはりこの行動の根底には、優《やさ》しさだけではなく、承認《しょうにん》欲求があるのではないだろうか。そして、クラスラインで役に立ったと言われれば、承認欲求が満たされる。これが、彼《かれ》らの行動の原動力だ。

たしかに、承認欲求は、誹謗《ひぼう》中傷を生み出す元凶《げんきょう》とも言える存在だ。しかし、人間は情報を公開することで生き残り、発展してきた。ニュートンの発見も、エジソンの発明も、「普遍的《ふへんてき》な承認欲求」がなければ広く社会に公開されることはなかったはずだ。

では、どうすればこの問題を解決できるだろうか。その答えは「知る」ことだと思う。誹謗中傷をして、他者を貶《おとし》めることでは、自分の本質は変わらない。本当の「充足感《じゅうそくかん》」は、努力してこそ得られるものだと「知る」ことが重要なのだ。承認欲求が普遍的なものだからこそ、そのことを「知る」ことはたくさんの人の人生を豊かにしてくれるはずだ。（おわり）

Ｋさんは「承認欲求《しょうにん》」に焦点《しょうてん》を当て、「承認欲求は人間から取り除くべき欲求なのだろうか」と問いを立てる。それを自分の暮らしの中から、「クイズレット」という生徒たちの間で流行《はや》っているものから考えようという姿勢が興味深い。「クイズレット」とは、クイズ形式で学習できるアプリで、オンライン上で単語や文法をカードにして組み合わせて使う。アナログの単語カードをデジタル化し、クイズを作ったり答えたりすることで、習得しようというものだ。

この「クイズレット」を、クラスの生徒たちがつながるＬＩＮＥに投稿《とうこう》するという行為《こうい》に、承認欲求を見いだす。そして、承認欲求の普遍性《ふへんせい》を指摘《してき》し、また必ずしも承認欲求が悪《あく》影響《えいきょう》を与《あた》えるものではないと考察する。

承認されたい思いが原動力になることは、確かにある。友達に認められたい、仕事で認められたい……子どもも大人も同じだろう。

一方で、Ｋさんは、本当の充足感《じゅうそくかん》や人生を豊かにするものは、「努力してこそ得られるもの」と位置付ける。

単純に「承認欲求＝悪」とするのではなく、承認欲求のプラスの影響《えいきょう》や普遍性を踏《ふ》まえ、議論を前に進めようという考察だった。

キーワード③　「厳罰化《げんばつか》」

この文集が出た二〇二二年春は、国会においても、まさに「不特定または多数の人が知り得る状況《じょうきょう》で、他人を侮辱《ぶじょく》する言動を罰《ばっ》する罪」である「侮辱罪」の厳罰化議論の真っ最中だった。木村花さんの死を受け、ネット上の誹謗《ひぼう》中傷が社会問題化したあと、遺族らは「刑《けい》罰《ばっ》が軽すぎる」と声を上げた。その声はやがて、国会での議論になっていった。この年の六月の国会で、侮辱罪を厳罰化する改正刑法が成立し、従来の法定刑は「三十日未満の拘留《こうりゅう》か一万円未満の科料」だったところが、「一年以下の懲役《ちょうえき》・禁錮《きんこ》や三十万円以下の罰金」が追加されたのだ。あふれる中傷の抑止《よくし》につながるか、あるいは論評や意見表明の萎縮《いしゅく》につながるか、国会で、報道で、SNSで、さまざまな意見が飛《と》び交《か》った。

生徒たちの考察の中にも、このオンタイムな「厳罰化」をテーマに臨《のぞ》んだものがあった。

▼疑似《ぎじ》空間と現実社会の隔《へだ》たり……………2組Oさん

（全文）

火のないところにも煙《けむり》は「立つ」。『突然、僕は殺人犯にされた』に書かれた「煙」の恐《おそ》ろしさを知り、誹謗《ひぼう》中傷について考えるようになった。ネット中傷の記事の中で「指殺人」という言葉に目が止まった。キーボードを叩《たた》くだけで、人を殺すかもしれない。何気ないコメントが、僕《ぼく》たちを加害者にも被害者《ひがいしゃ》にもする。芸能人や中学生の自殺という「ネット中傷」による事件が明るみに出る中、ネットの批判や悪口を抑制《よくせい》すべく「ネット中傷に厳罰化《げんばつか》を」という動きが出てきている。無免許《むめんきょ》運転が横行し、許されているのと同じ今の状況《じょうきょう》を、厳罰化によって改善しようとしているのだ。

「厳罰化」の実施《じっし》は、我々にどのような影響《えいきょう》を及《およ》ぼすのか。そして、他に対策はないのか。ネットに書きこむ人の心理とともに考察していく。

これについて僕は、「ネット」という疑似《ぎじ》空間の特殊性《とくしゅせい》を我々が認識《にんしき》する必要があると考える。「厳罰化」は根本的な解決にはならず、芳《かんば》しい結果を期待できないだろう。

まず、ネット社会の特殊性《とくしゅせい》である。ネット社会やSNSには、同じ意見や関心を持つ者のみが集まりやすい。様々な意見が入り乱れ混沌《こんとん》としている現実世界と異なり、ネット社会は同調者のみの小さな王国のようなものであり、入りこむと、自分と異なる意見の存在に気づく機会が非常に少ない。結果として、多くの同調意見を目にしながら、ますます自分の「正当性」に傾倒《けいとう》し、より過激になっていく。同調者のみの閉鎖《へいさ》空間で、異なる意見の存在には目を向けず、自分の意見で独裁政権を樹立してしまうのだ。「現実社会」と断絶された、この疑似《ぎじ》王国を、厳罰化《げんばつか》が抑止《よくし》することは望みにくい。反論のない社会の中で、自己判断による「正当性」を盲信《もうしん》しているならば、自らが人を中傷し、「罰」に値《あたい》する行為《こうい》をしていると思わないからだ。「ナチス」の高揚《こうよう》と同じようなものである。

次に、中傷と批判の線引きの難しさだ。何が「人の心を傷つける刃《やいば》になるか」は、受け止める人によって違《ちが》う。皇室の内親王の婚約《こんやく》に対し意見を書いた多くの人が、宮内庁《くないちょう》による「誹謗《ひぼう》中傷」という発表に対し、一斉《いっせい》に当惑《とうわく》の色を示したのも1つの例であろう。「厳罰化」が現実となれば、「中傷」になるのではという思いが足かせとなり、多くの人が批判や反対意見を書くのに躊躇《ちゅうちょ》を感じはしまいか。しかし、それは「広く自由に対話が可能」というネットの長所にブレーキをかける。要するに、中傷だけでなく、大切な「意見」までをも抑圧《よくあつ》してしまう恐《おそ》れがあるのだ。
インターネットは、世界の人々との対話、融和《ゆうわ》を可能にする「疑似《ぎじ》社会」であると同時に、断絶と不和の社会をも生み出し、現実社会に悪影響《あくえいきょう》を及《およ》ぼしもしている。確かに厳罰《げんばつ》化《か》も1つの方法だ。しかしそれ以前にネット社会の特性を理解すること、そして自分自身の意見を俯瞰的《ふかんてき》に見つめる努力が我々に求められるだろう。反論のない虚構《きょこう》社会の中で自らを見失わない理性、知識、品性を身に着ける。「指殺人」を生まずに、ネット社会と共存することは可能だと信じたい。
加えて言うならば、ネット自体の発展も必要だ。スマイリーさんも言っているように、現実社会では多様な意見が入り乱れ、結果として調和している。疑似空間であるネット社会を、現実社会同様に「多様な繋《つな》がりの場」へと変え、共に発展できる仕組みが再構築されることが望まれる。（おわり）
Oさんは、厳罰化の影響《えいきょう》を考えるにあたり、まず「ネット社会の特殊性《とくしゅせい》」を考察する。同じ意見や関心を持つ者のみが集まりやすいSNS空間は、「同調者のみの小さな王国のようなもの」と表現していた。私はこの「小さな王国」という表現が、日ごろSNSを眺《なが》める中で、何とも言い得て妙《みょう》なものだと感じた。「エコーチェンバー」は小部屋で音が共鳴し合うように、同種の意見のみが飛《と》び交《か》う空間を表すが、なるほど、そこは本人たちにとっては「王国」なのかもしれない。

Oさんはこの「王国」は現実とは断絶された、カギ括弧《かっこ》付きの「正当性」を盲信《もうしん》する「疑《ぎ》似《じ》王国」とし、それゆえに現実社会の法に基《もと》づく厳罰化《げんばつか》による抑止《よくし》は「望みにくい」とみる。さらに、盲信《もうしん》を『ナチス』の高揚《こうよう》と同じようなもの」と表現する。そこまで危険があるものと言い切れる大人がどれだけいるだろうか。

また、もう一つの論点として「中傷と批判の線引きの難しさ」は、まさにリアルな社会での厳罰化議論における焦点《しょうてん》だ。

Oさんは厳罰化は一つの方法としつつ、ネットの特性を知った上で「自分自身の意見を俯《ふ》瞰的《かんてき》に見つめる努力」を、誹謗《ひぼう》中傷抑止の結論とする。システムやルールではなく、人間の力を信じる終わり方だ。

キーワード④「教育」

中傷抑止を人間の力の可能性に見いだしたOさんの結論から、一歩踏《ふ》みこんでズバリ「教育」をテーマにした生徒もいたので、紹介《しょうかい》したい。

▼教育……………1組Sさん

（全文）

近年、ネット社会は、急速に大きく、便利になっている。しかし、それに伴《ともな》い「スマイリーキクチさん中傷事件」のようなネット上での中傷が問題になっているのも事実である。なぜ中傷が起きてしまうのか。私は、中傷の原因にヒトの「2つの欲求」が関わっていると考える。今回は、その「2つの欲求」について考察していく。

まず「承認《しょうにん》欲求」。人間は生まれながらに、食欲や睡眠欲《すいみんよく》と同様に「他者から認められたい」というアイデンティティーにも近い「承認欲求」というものを持っている。この欲求は「いいね」などでも満たされるものだ。特に、社会的帰属意識の少ない若者たちは、ネット上での承認欲求がより大きいといえる。

次に「排除《はいじょ》欲求」。人間はもともと、仲間を手に入れ、他者を排除することで生き残ってきた。その本能から、「みんなの敵」を倒《たお》すことで他者から認められる、承認欲求を満たすために排除欲求が生まれると考えられる。ネット上で、誰《だれ》かが誰かをバッシングしていると、そのバッシングされた相手を共通の敵として認識《にんしき》し、自分も中傷に参加してしまう。これが負のループとして拡大していく……。これが中傷事件の原因であると考える。

では、どのようにして中傷事件が起きないようにするのか。私は「根拠《こんきょ》を考えること」と「相手を考えること」が最も重要であると考える。中傷事件は、ひとりの中傷を火種として、周りの人をガソリンとして広がっていく。火種やガソリンを作らないためには、「発言の根拠」や発言の対象の心情を読み取り、軽率《けいそつ》な発信をしないことが必要だ。この認識《にんしき》を人々が持つためには、「正しい教育」が必要だと考える。

昨今、ネット上での中傷に対する厳罰化《げんばつか》が叫《さけ》ばれている。確かに厳罰化によりネット上の誹謗《ひぼう》中傷による被害《ひがい》件数は減少するかもしれない。しかし、それでは人々の意識は変わっておらず、根本的に解決したとは言えない。そこで、やはり人々の意識を変えるには「正しい教育」が必要ではなかろうか。

日本は自由を認める国だ。しかし、その自由を盾《たて》に、他人の尊厳を傷つけることがあってはならない。自由だからこそ、自由の世界の住民としての品格が求められるのではないか。だとすれば、良識あることばの使い手に教育することは自由を認める国としての責任と言えるだろう。教育には時間がかかるかもしれないが、それによって生まれた1人1人の数秒の積み重ねが、将来の社会をより豊かで明るいものにするだろう。(おわり)

Sさんは最終段落で、日本は自由を認める国だからこそ、「良識あることばの使い手に教育することは自由を認める国としての責任」と指摘《してき》する。責任の主体として「国」が出てきたのは重要な提起だろう。システムや法的な手段と併《あわ》せ、今後、国が担《にな》う教育の役割は大きいと、私も思う。

そして、Sさんの結語に希望をみた。「教育には時間がかかるかもしれないが」と前置きした上で、こう結ぶ。「1人1人の数秒の積み重ねが、将来の社会をより豊かで明るいものにするだろう」。社会はすぐには変わらない。だけど、時間をかけて変えることはできる。変えるのはいつだって、一人一人の力だ。

四章

木村花さんの母・響子さんの授業

花さんの「炎上《えんじょう》」

この本では、これまで開成中の授業を詳報《しょうほう》し、生徒たちが授業をどのように受け止めたかを読者の皆《みな》さんとシェアしてきた。

ここで改めて、私がネット上の誹謗《ひぼう》中傷について取材を始めるきっかけとなった、「テラスハウス」の事件について振《ふ》り返《かえ》りたい。これまで考えてきた誹謗中傷について、実際に起きたことからその被害《ひがい》実態の深刻さを少しでも想像してもらえたらと思う。

中高生の読者の中には、リアルタイムで「テラスハウス」の放映を見ていない方々も多いと思う。少し説明しておきたい。

「テラスハウス」は二〇一二年にスタートした。一般募集《いっぱんぼしゅう》などで集まった男女が、一つの家で共同生活する様子を放映する「リアリティー番組」で、シーズンごとに住人は入れ替《いれか》わる。女子プロレスラーをしていた木村花さんは、その住人の一人だった。

「用意したのは、素敵《すてき》なお家《うち》と素敵な車だけ。台本は一切《いっさい》ございません」

女性タレントによる冒頭《ぼうとう》のナレーションがおなじみで、若者たちの暮らし、夢、恋愛《れんあい》模様が切り取られる。俳優志望、モデル、大学生――。さまざまな肩書《かたがき》の出演者は、それぞれ魅力的《みりょくてき》で、「テラハ」という言葉はブームにもなった。洗練されたカメラワークや編集の仕方は、いかにもドキュメンタリー風に作られていた。しかし、ノンフィクションで真実に迫《せま》ろうというドキュメンタリーとは異なる、あくまで娯楽《ごらく》番組である。

その一場面が、花さんに対する誹謗《ひぼう》中傷の引き金となった。二〇二〇年三月末から五月にかけて、動画配信サービス「ネットフリックス」で配信され、地上波でも放映された、「コスチューム事件」と呼ばれるシーンだ。

「テラスハウス」は回ごとに英語のタイトルがついている。この回は、「Case of The

Costume Incident」というタイトル。

番組中盤《ちゅうばん》、花さんが大切にしていたプロレスの試合用のコスチュームを、男性出演者が誤って洗濯機《せんたくき》にかけて乾燥《かんそう》させてしまい、縮んで着られない状態になってしまったことが判明する。

一階のダイニングルーム。他の出演者たちが談笑《だんしょう》しているときに、この男性出演者が帰宅する。その後、花さんがやってくる。

花さんはコスチュームの話を始め、男性出演者に対し悲しみや怒《いか》りを伝え出す。

「一緒《いっしょ》に住むんだったら人のことをもっと考えて暮らせよ！」

と花さん。

「ごめん」

と繰《く》り返《かえ》す男性出演者。

花さんは、帽子《ぼうし》をかぶりオープンキッチンのカウンターに肘《ひじ》をついている男性出演者に近づいて言う。

「ふざけた帽子かぶってんじゃねえよ」

そして、男性出演者がかぶっていた帽子をとって投げ捨て、二階に上がっていく。ぼうぜんとする男性出演者――。この回は、ここでタレントたちがスタジオで番組内容を振《ふ》り返《かえ》る「スタジオトーク」に入る。

さらにその後、「コスチューム事件その後」として「未公開動画」三本がユーチューブで公開された。それぞれ数分の動画で、「It's easier not to say」、「It's Not My Fault」、「You Are Not Just A Friend」というタイトルがついている。

これらの動画の中で、他の女性出演者が、「『コスチューム事件』以降、テラスハウスの住人の間の人間関係がぎこちなくなっている」との思いを口にする。そして、花さんに改めてその話題を話してみるシーンが描《えが》かれる。

「（コスチュームを洗ってしまった男性が）すべて悪いと思ってる？」

と女性出演者。

花さんはこう応える。

「うん、思ってる。強《し》いて言うなら、私が干さずに置いてっちゃったのは、ちょっとやらかしたなと思ったけど」

女性出演者から、花さんにも落ち度があったのではとたしなめられた花さんは、泣き出して別室に出ていく。

「無理……」と言う花さんの嗚咽《おえつ》が聞こえてくる——。

一連の配信・放映のあと、ツイッターやインスタグラムには、花さんへの誹謗《ひぼう》中傷があふれた。ダイレクトメッセージ（ＤＭ）でも非難の声が送られてきたという。

「このツイートは表示できません」

どういった誹謗中傷があったのだろうか。開成中の授業の中でも思い出したように、多くのツイートはアカウントごと消され、「このツイートは表示できません」という文字だけが残っていた。

その中でも、私が確認《かくにん》できたものや、花さんの母響子さんがＢＰＯ（放送倫理《ほうそうりんり》・番組向上《ばんぐみこうじょう》機構《きこう》）にスクリーンショットを提出した誹謗中傷を記そうと思う。見るに堪《た》えない暴言だが、実態を知ってほしいので、あえて原文ママで記したい。

〈顔面偏差値《へんさち》低いし、性格悪いし、生きてる価値あるのかね〉

〈お前が早くいなくなればみんな幸せなのにな。まじで早く消えてくれよ〉

〈テラハから出てけ〉

〈反吐《へど》が出そう〉

〈ゴミ女〉

〈出ていけクソブス女〉

〈てか死ねやくそが〉

〈花死ね〉

さらに花さんの死後も、誹謗《ひぼう》中傷は続いた。

〈死んでくれてまじ感謝します　元気出ました※笑顔マーク〉

〈てか、どう見てもこいつの自業自得《じごうじとく》なんだよなあ〉

「Remember HANA」

私が木村花さんの母響子さんに初めてお会いしたのは、花さんが亡《な》くなって一ヵ月あまりたったころだった。都内のカラオケボックスの個室で取材に応じてくれた響子さんは、生前の花さんを語ってくれた。

インドネシア人の父を持つ花さんが、小学生時代に「インドネシアに帰れ」といじめられても、不登校にならず通学し続けたこと。ダンスやモデル、アイドル活動に打ちこんだ中学生のころ。「アクション女優になりたい」という思いから、次第《しだい》に女子プロレスラーへの夢を描《えが》き始《はじ》めた高校生時代……たくましく、キラキラしたときを駆《か》け抜《ぬ》けた、生身の女の子の姿が頭に浮《う》かんだ。

響子さんはこの時期から、他のメディアも含《ふく》めてたくさんの取材に応じてきた。ずっとあとになって、このころの心境を響子さんは「一時は布団《ふとん》から出られなかったけれど、はってでも訴《うった》えないといけないと思った」と振《ふ》り返《かえ》っていた。娘《むすめ》の尊厳を守ろうという母の気迫《きはく》だと思った。

そして、響子さんは二〇二一年三月、誹謗《ひぼう》中傷をなくしていくためのＮＰＯ法人設立を発表する。法人名は「Ｒｅｍｅｍｂｅｒ　ＨＡＮＡ（リメンバー　ハナ）」。都内のホテルで開かれた設立の記者会見で、響子さんは語った。

「何をしても花が帰ってくるわけではないけれど、せめて花のためにできることがあるのではないか、苦しむ人を減らすためにできることが、いろんな分野であるのではないかと思いました」

「本当に幸せな人は、ＳＮＳで人を攻撃《こうげき》するようなことはしないと思います。一人一人が幸せになり、（攻撃がなくなるような）ＳＮＳの使い方をみんなで考えていけたら」

私はこの会見で、改めて法人名にこめた思いを聞いた。響子さんは言葉を選びながら、こう答えた。

「花というこんなにかわいくて魅力的《みりょくてき》で優《やさ》しい子がいたよ、ということを忘れないために、悲しい側面だけではなく、前向きに、花が望んだ優しい世界にしていきたいのです」

NPOでは、全国の教育機関でSNSの使い方を教えていくという方針が語られた。私はどうしても、この授業を取材させてもらいたかった。被害《ひがい》当事者遺族である響子さんが、子どもたちにどのようなメッセージを発するのだろうか。それは必ず記録していきたいと思った。

私は、響子さんとともに誹謗《ひぼう》中傷問題に取り組む佐藤大和《さとうやまと》弁護士にすぐに連絡《れんらく》し、取材のお願いをした。佐藤弁護士は授業の予定が入っている学校との調整に入ってくれた。そして二〇二一年秋から冬にかけて、中高一貫校《いっかんこう》と小学校での授業を取材させてもらうに至った。

ここでは、このうち小学校の授業を紹介《しょうかい》したい。まだSNSに触《ふ》れたことがない子どもたちがほとんどという世代に向けて、響子さんは何を問いかけたのだろうか。子どもたちはどう応えたのだろうか。

響子さんの登場は……

二〇二一年十二月、向かったのは千葉県袖ケ浦市立奈良輪小学校《そでがうらしりつならわ》。授業を響子さんに依頼《いらい》した下大澤翔吾《しもおおさわしょうご》先生が、職員玄関《げんかん》で出迎《でむか》えてくれた。

下大澤先生が案内してくれたのは、六年一組の教室。教室の扉《とびら》を開けると、ワイワイ楽しそうな声が響《ひび》く。チャイムが鳴り、着席。授業開始だ。

初めから響子さんが登場するかと思いきや、まずは担任の先生による絵本の読み聞かせだった。実はこれも、響子さんの授業のプログラムの一つ。

取り上げられた絵本は『パパのしごとはわるものです』(岩崎書店《いわさきしょてん》)。

悪役レスラーが「パパ」の仕事と知った「ぼく」が、困惑《こんわく》し、混乱しながらも、観客をわかせようという「パパ」の仕事への情熱や誇《ほこ》りを受け入れていく物語だ。

児童たちは、悪役レスラーとしての「パパ」の名前「ゴキブリマスク」にひとしきり盛り上がったあと、先生が手に持つ絵本を食い入るように見つめていた。

「ではここで、きょうのゲストの方に登場してもらいます」

絵本を閉じると同時に先生がそう言うと、ポップな音楽が教室に流れる。けっこうな音量だ。教室の扉《とびら》が開き、パーカー姿の響子さんが入ってきた。薄紫《うすむらさき》と薄ピンクのメッシュがアフロヘアからゆらゆら揺《ゆ》れている。響子さんは、音楽に合わせて両手を上下に振《ふ》りながら、児童に手拍子《てびょうし》を促《うなが》す。手拍子は次第《しだい》に大きくなり、わく教室。響子さんは元プロレスラー。ああ、プロのエンターテイナーだなぁ……。私は手拍子しながらそうリスペクトすると同時に、展開の明るさに驚《おどろ》いた。

「よろしくお願いしまーす！」

大きな声であいさつする響子さんに、児童の歓声《かんせい》は増す。ガヤガヤが少し落ち着いたところで、響子さんは呼《よ》び掛《か》けた。

「きょうは、手を挙げてもいいし、分からないことも、自由に言ってもらっていいです。授業というより、話を聞いたり聞かせてもらったりする時間だと思って。正解はないし、『間《ま》違《ちが》えたら恥《は》ずかしい』とかはナシで」

正解のない授業。考えることに意味があるのだ。自分の頭で、自分の言葉で、考える。開成中の授業が頭をよぎる。

「夜道でおそうぞ」

教室前方のスクリーンにまず響子さんが映したのは、こんな言葉だった。

〈お前の試合はつまらない〉

〈卑怯《ひきょう》なことばっかするな〉

〈顔が気持ち悪い〉

〈性格がくそ〉

〈死んでほしい、消えろ〉

〈男みたい〉

〈お前の家族を夜道でおそうぞ〉

目を覆《おお》いたくなるような言葉の数々に、児童はしばし沈黙《ちんもく》する。

響子さんは、これは自身が悪役プロレスラー時代にＳＮＳで受けた言葉だと説明した。

先生が「どう思う？」と問いかけると、ザワザワ感想が上がった。

「かわいそう」

「相手の気持ちが分かっていない」

少し間を置き、響子さんは児童に語り出した。

「なんで悪者って悪いことすると思いますか？

悪者の仕事って、お客さんに『正義の味方』を応援《おうえん》してもらうようにすることなんです。

そのほうが盛り上がるから。だから、会場でお客さんから『卑怯《ひきょう》なことするな』と言われるのは、悪役の仕事のうち。それでよかったんです。

なんでそれが崩《くず》れたかというと……」

響子さんはこう続けた。

「SNSです」

「プロレスの試合が終わって、家に帰って休憩《きゅうけい》していても、SNSでは二十四時間いつでも悪口を言われる。試合のとき以外でも、悪者として攻撃《こうげき》される。私の心はすごく傷つけられていきました。『夜道でおそう』なんて言葉は、レスラーとして身体《からだ》を鍛《きた》えていても、怖《こわ》いものです」

シングルマザーで女手一つで花さんを育ててきた響子さん。自身だけではなく、家族への危害をほのめかす言葉は、どんなにか恐《おそ》ろしいものだったろうと思う。

加害心理を考える

響子さんの体験を知ったあと、児童が考えたのは、「なぜ誹謗《ひぼう》中傷してしまうのか」という加害者側の心理だった。

一人一台持っているタブレットから、意見を打ちこむ児童たち。教室前方のスクリーンに、打ちこまれた意見が次々と映し出される。

〈自分の意見をみんなに知ってもらうため?〉

〈自分が、目立ちたいから〉

〈ストレス発散のため〉

〈相手の気持ちを考えないで自分の意見を中心に考えているから〉
〈誰《だれ》がやったか分からないから言いたい放題〉
〈自分中心で考えているから〉
〈他の人に共感してほしいから〉
〈人につられる〉

ポンポンと映し出される意見を見ながら、私は正直「すごい」と思った。端的《たんてき》だ。私も含《ふく》め、大人たちはなんだかんだ論理的に見える言い訳を、したくなりそうなものだ。

「みんながこんなふうに考えたけど、木村さんはそうでしょうか。伺《うかが》ってみましょう」

と先生。

響子さんは、一つ一つの意見にうなずきつつ、児童にこう話した。

木村響子さんの授業風景

「本当に、みんなが言ってくれたこと、そのとおりだなって思えました。みんなでやれば合っているように錯覚《さっかく》してしまう、注目してほしい、共感してほしい……本当にそのとおりだと思います。現実の毎日がうまくいかない中で、SNSで中傷することで仲間意識が生まれてしまうと、どんどん中傷が膨《ふく》らんでしまうんですね。

ただ、誹謗《ひぼう》中傷というのは、どこからどこまでが誹謗中傷かはすごく難しいです。例えば『お前を殺してやる』。これは殺害予告になるから犯罪。じゃあ例えば、『死んでほしい』はどう思う?」

「ギリある」

複数の児童がすぐ反応した。

「ないでしょ」――。

響子さんは分かれる意見を引き取り、「大人たちも分かれる。『個人の表現の自由』という意見もある。でも、言われたほうからしたら、『死ね、殺す』と同じぐらいのダメージを受けるという意見もある。法律的にも見解が分かれる」

「じゃあ、人として、面と向かって『死んでほしい』と言える？　言える人いる？」

響子さんの問いかけに、ある児童がつぶやいた。

「言わないほうがいい」

そうなのだ。面と向かって、その言葉、言える？　その本当にシンプルな問いが、現状のSNSでは通用していない。

響子さんは児童らにゆっくり語りかけた。

「今は、本当にSNSはみんなの生活の中心になってきたけれど、法律とか相談する窓口が全然追いついていないと思う。だからこそ、人としてダメだよね、ということを小学校、中学校の人が学んで、世の中を変えていこうと思ってほしいんだよね」

「幸せなSNSを」

次に考えたのは、「もし自分が誹謗《ひぼう》中傷にあってしまったら」。

次々と大きな声が上がる。

「無視して、巻きこまれたら、相談する」

「同じ！」

「どこに相談するの？」と先生。

「警察とか、親とか」と児童。

中にはSNSをすでに使っている児童もいて、「SNS内で通報できる。アカウントが凍《とう》結《けつ》されることもある」という声もあった。

「コメントをみて、どこを直せばいいか考える」という意見も。

響子さんが反応したのは、こんな意見だった。

「ツイッターでさらす」

響子さんは優《やさ》しく伝える。

「さらしたくなる気持ちは、私も分かる。でも、それをやってしまっては、誹謗《ひぼう》中傷する側と同じ土俵に上がってしまう」

響子さんの言葉を静かに聞いていた児童の一人が、こう発言した。

「自分が投稿《とうこう》するときに、誰《だれ》も傷つかないようにする。自分の言葉に気をつける」

「すばらしいね」と響子さん。

やり取りを聞いていて思った。子どもたちはまだまだ、他人を、大人を、信じている。相談すれば、きっと守ってくれると思っている。ツイッターやフェイスブックなどのSNS事業者は、きちんと対応してくれると思っている。中傷した側に耳を傾《かたむ》ければ、事態は打開できると思っている——。

実際は、法的根拠《こんきょ》が乏《とぼ》しい誹謗中傷には、警察は対応しきれない。親がネットのリテラシーがあるともかぎらない。SNS事業者がすぐ対応しないケースも多い。中傷した側とされる側の分断は、乖離《かいり》する一方だ。罵詈雑言《ばりぞうごん》があふれる事態は変わっていない。

子どもたちがそんな現実に気がついてしまう前に、子どもたちが信じるSNSに変えていくことはできないだろうか。

授業は残り五分あまり。響子さんが生徒たちに聞いた。

「木村花ちゃんって、知っていますか?」

楽しい雰囲気《ふんいき》の授業のまま、教室は明るくザワついていた。少し間を置き、響子さんが言った。

「花ちゃんは、私の娘《むすめ》なんです」

「え!」

「えー!」

明るいざわめきは消え、下を向いていた児童も顔を上げて響子さんを見つめた。息をのむ児童を前に、響子さんは、それまでと変わらない優《やさ》しい話し方で、語った。

「花ちゃんは、みんなと同じように、赤ちゃんで生まれて、私がオムツ替《か》えておっぱいあげてきたんだよね。みんなと同じように、小学生になったらランドセルしょって、学校に行っていました。でも大人になってプロレスラーになって、テレビの番組に出たことがきっかけで、日本中から誹謗《ひぼう》中傷がきて、今は、いなくなってしまったのね。本当に誹謗中傷はそこまで人を追《お》い詰《つ》めるし、なんとかそこを変えたい」

シンとする教室。私はノートをとりながら目が涙《なみだ》で曇《くも》ってしまい、児童の表情を見ることができなかった。

「みんなにまずやってほしいことは、本を読むこと。マンガでもいいのだけど。いろんな言葉を知ってほしい。自分のモヤモヤした気持ちを、『死ね』とか『キモい』とかではなく、本当は傷ついていただけだとか、怒《おこ》っている理由があれば、もっと優《やさ》しい言葉で人に分かるように伝えることができると思うんです。全員が全員それをやったら、誹謗《ひぼう》中傷はなくせるんです。

でも残念なことに、大人たちを変えるのはすごく難しい。だから本当に申し訳ないのだけど、若い人は頭もやわらかく、いろいろ考えて実践《じっせん》していけるから、考え続けることをやめないでほしいし、幸せなSNSをつくってほしい」

響子さんは明るい調子の声のまま、生徒たちに呼《よ》び掛《か》けた。

「みんなの世代が、私の希望なんですよね。大人になって、楽しい平和なSNSにしてほしい。便利な、人を傷つけないプラスの方向で使ってほしい。本当に、本当にお願いします」

「すみません、あまり話がうまくなくて」と笑う響子さんを、教室のみんながじっと見つめた。

おわりに

「誹謗《ひぼう》中傷について、中高生が読みながら一緒《いっしょ》に考えられる本を」。講談社《こうだんしゃ》の中田雄一《なかたゆういち》さんからお声がけいただいたとき、私はとてもうれしく思いました。ネット中傷の記事は新聞紙面や新聞社のウェブサイトでこれまで何本も書いてきましたが、想定する読者対象は大人たち。SNS時代を生きる子どもたちにこそ、被害《ひがい》と加害の現実を伝えることができればと思ってきました。ネットを通じて「人とつながること」が、生まれたときから身近な子どもたち。そんな彼《かれ》ら彼女《かのじょ》らにこそ、「つながること」の意味を考えてほしいと思ってきました。

さまざまな場面が出てくるルポと違《ちが》い、この本の舞台《ぶたい》は、ほとんど教室です。物理的に大きな動きのない場所からのレポートですが、読者の皆《みな》さんが、先生や生徒たちの頭の中、思考回路を一緒に飛び回ってくれていたらうれしいです。

取材に至るまでのプロセスや、私の気持ちや感情の変化も、できるかぎり書きこみました。ネット上にフェイクニュースがあふれる現代において、記者がどのような問題意識を持って取材活動をして、現場で悩《なや》みつつ、記事を発信していくのか、知ってほしかったからです。メディアで情報が出ていく前段となる取材のイメージを、少しでも持ってもらえればと思っています。

取材にあたっては、開成中の神田邦彦先生と生徒たち、そして木村響子さんと奈良輪小学校のみなさんにご協力いただきました。教育の場を開いて、伝えていくことの意義にご共感いただかなければ、執筆《しっぴつ》に至ることはできませんでした。この場を借りて、改めて感謝申し上げます。

衣食住が満たされ、物理的には貧困《ひんこん》状態ではないけれど、何か満たされない、ネット上で見知らぬ人をたたいてストレスを発散する――そんな人がたくさんいるような社会は、ギスギスして、傷つく人を増やします。ネットを通してつながれるだけつながれるけれど、そんな社会は、本当に貧しいと思います。

何がこんなに社会を貧しくするのでしょうか。心が貧しい社会にしないためには、どうすればいいのでしょうか。この本で何度も書いてきたように、思考停止せずに考え続けることからしか、糸口は見いだせないのではないでしょうか。どんな言葉が人を傷つけるか、どんな言葉が自分も他者も幸せにするのか。考え続けても答えは見つからないかもしれないけれど、神田先生や木村さんの授業を通し、私は「考え続けるのをあきらめない」ことを学んだように思います。

自分の子どもたちも、他の子どもたちも、できるかぎり美しい言葉の中で、人生を重ねていってほしい。心からそう願いながら、この本を終わりにします。

宇多川はるか

◆ 本書内で取り上げた記事

※1　毎日新聞デジタル「死者が出ないと動かないのか　厳罰化と加害者の情報開示を　スマイリーキクチさん」https://mainichi.jp/articles/20200528/k00/00m/040/274000c

※2　毎日新聞デジタル「開成中高生がネット中傷に見た『人間の弱さ』と『破壊願望』　ある授業の到達点」https://mainichi.jp/articles/20200718/k00/00m/040/303000c

※3　毎日新聞デジタル「『自分の中の正義感が暴走』　ネット中傷加害者が語る投稿の理由」https://mainichi.jp/articles/20200804/k00/00m/040/317000c

◆ 参考文献・資料

『突然、僕は殺人犯にされた　ネット中傷被害を受けた10年間』
　スマイリーキクチ（竹書房文庫）

『100万分の１の恋人』榊邦彦（新潮文庫）

『大衆の反逆』オルテガ・イ・ガセット　佐々木孝・訳（岩波文庫）

『絵はがきにされた少年』藤原章生（集英社文庫）

『新英文読解法』中原道喜（聖文新社）

旭川市「いじめの重大事態に係る調査報告書（公表版）」
　https://www.city.asahikawa.hokkaido.jp/kurashi/218/266/270/d076131_d/fil/ijime_houkoku_kouhyouban.pdf

◆ 参考サイト

一般社団法人インターネット・ヒューマンライツ協会
　https://interhumanright.org/

United States Holocaust Memorial Museum
　https://encyclopedia.ushmm.org/ja

毎日新聞、朝日新聞、共同通信、TBSテレビ、フジテレビ

◆ 写真提供

毎日新聞社

Kevin Carter/Sygma/Getty Images（P80）

宇多川はるか（うだがわ・はるか）

1984年、神奈川県横浜市生まれ。早稲田大学政治経済学部卒。2007年、毎日新聞社入社。仙台、横浜支局、デジタル報道センターなどを経て、23年5月よりくらし科学環境部。主に子ども・福祉・ジェンダーの分野を継続取材。共著に『SNS暴力　なぜ人は匿名の刃をふるうのか』（毎日新聞出版）など。

神田邦彦（かんだ・くにひこ）

1963年、埼玉県大宮市（現さいたま市）生まれ。1987年より開成中学校・高等学校の国語科教諭として、教壇に立つ。今日的な社会問題等をテーマに、生徒との対話を軸にした授業を展開する。著作には『現代文標準問題精講』（旺文社）等の参考書のほか、榊邦彦という筆名で『100万分の1の恋人』（新潮社）等の小説作品がある。

ブックデザイン　大岡喜直（next door design）

中《ちゅう》学《がっ》校《こう》の授《じゅ》業《ぎょう》でネット中《ちゅう》傷《しょう》を考《かんが》えた
指先《ゆびさき》ひとつで加害者《かがいしゃ》にならないために

2023年7月18日　第1刷発行

著者……………宇《う》多《だ》川《がわ》はるか
発行者…………森田浩章
発行所…………株式会社　講談社
〒112-8001 東京都文京区音羽2-12-21
電話　編集　03-5395-3535
　　　販売　03-5395-3625
　　　業務　03-5395-3615

印刷所…………株式会社KPSプロダクツ
製本所…………大口製本印刷株式会社
本文データ制作…講談社デジタル製作

N.D.C. 007.3 190p 20cm ISBN978-4-06-532243-7

KODANSHA